香りと歴史 7つの物語

渡辺昌宏

岩波ジュニア新書 885

目次

イラスト・中村光宏

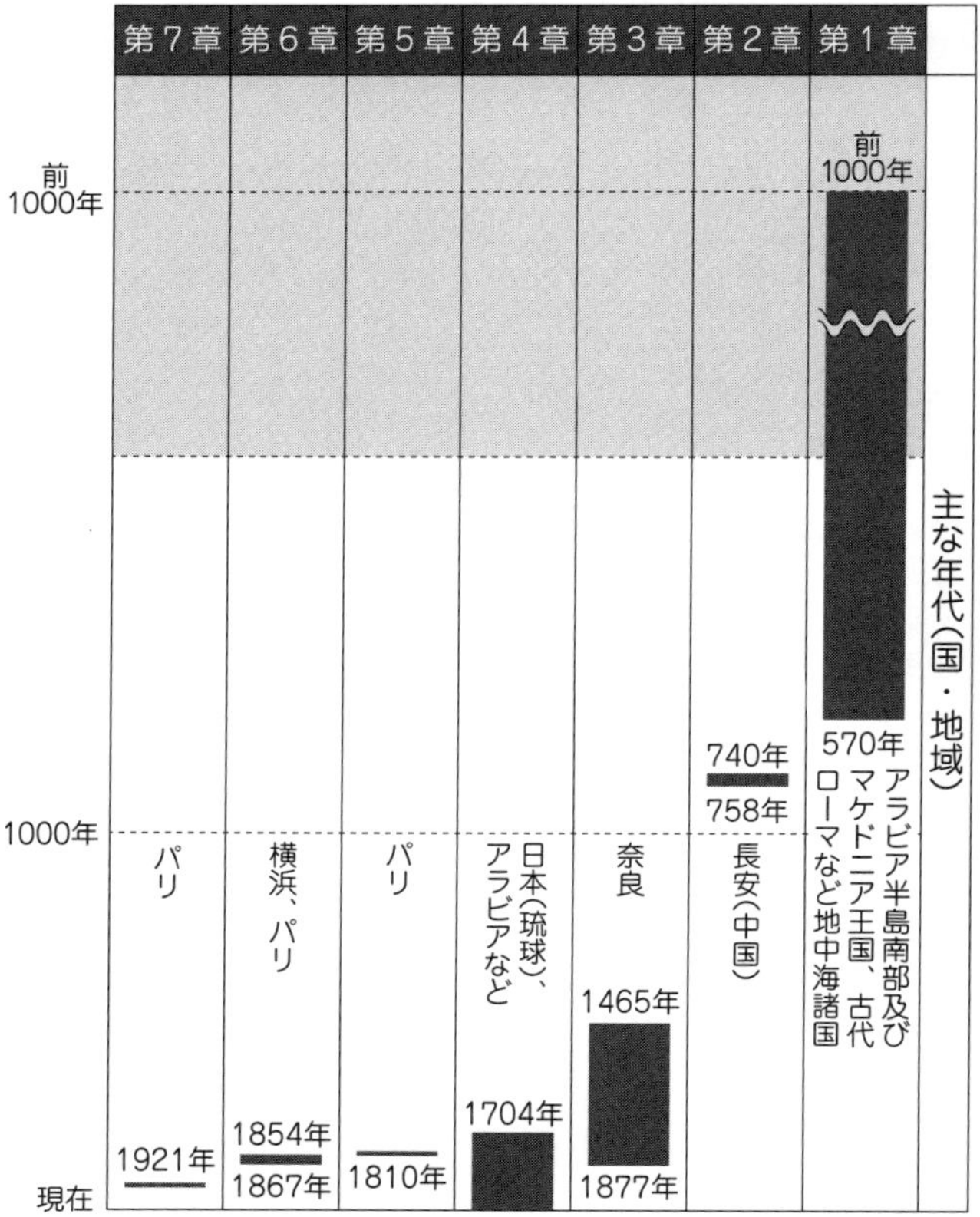

香りと歴史 7つの物語　全章のイメージ

プロローグ——時を超えて、今、開かれる香りと歴史の扉

宴会場に放たれた4羽の鳩。
その羽には、それぞれ違った香りが浸してあった。
スミレ、バラ、スイセン、ヒヤシンス。
客たちの頭には、花々の香りが雨のように降ってきた。

これは紀元前6世紀、ギリシアの宴会で行われたとされる香りの演出です。古代ギリシアの人々にとって香りは、時に美食以上の贅沢であり、香りに熱狂して、競うように楽しんでいました。また、ローマ帝国でも料理より香りが優先されることもあり、紀元1世紀、ローマの詩人マルティアリスは、そう

1　古代ギリシアの宴会
鳩を使った香りの演出も行われた

した宴会に招かれたことを次のように風刺しています。

エキスはなるほど素晴らしかった。
だが、食べる物は何もなかった。
味わうものもなく、香りだけよいのでは、
ファブルースよ、もてなしとはいえない。[1]

古代ギリシアやローマに、「花よりだんご」ではなく「だんごより花(鼻)」といった芳香の時代があったことは、ほとんど知られていません。香りは絵画のように描くことも、彫刻のように形にすることも出来ないため、歴史に残されることはなく、砂漠に埋もれた古代都市のように、忘れ去られてしまったエピソードもあります。この本では、歴史上の人物の香りにまつわる物語にスポットをあて、そこに秘められた謎と真実に迫ります。

香りと歴史の物語、五千年の旅支度

これから世界、そして日本に伝わる7つのエピソードを紹介します。この時空を超えた旅には、先に知っておくと役立つ4つの知識があります。

〔旅の知識その1〕香りのはじまりはいつ？
文明の始まる前は？

人類と香りの出会いは、火の使用からです。樹木や草など燃やす植物の煙の匂いによって芳香や悪臭の違いがあることに気づいたと考えられます。英語で香水や香料、芳香を意味する「perfume(パフューム)」は、ラテン語の per(通して)と fumum(煙)からなる「煙を通して」が語源といわれています。

世界ではいつから？

香りの歴史は、今から５０００年以上前、世界最古の文明とされるメソポタミアの人々が神に捧げるため香りのよい杉（レバノンセダー）や樹脂（乳香《にゅうこう》や没薬《もつやく》）を焚《た》いたのがはじまりといわれています。メソポタミア文明の遺跡テペ・ガウラの神殿から当時の香炉《こうろ》が発掘されています。さらに植物を蒸して水蒸気によって香りを得る蒸留《じょうりゅう》の原理もメソポタミアで考えられました。

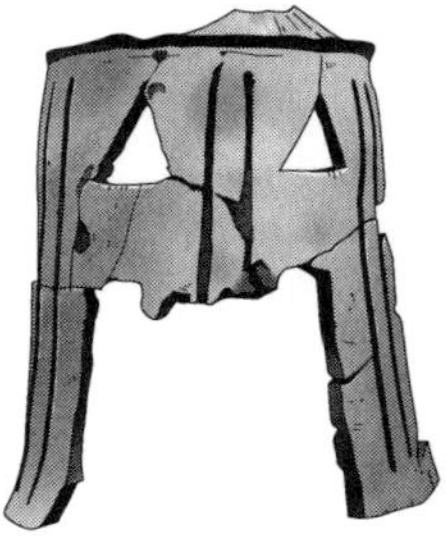

2　テペ・ガウラ遺跡の香炉

ワンポイント解説

乳香と没薬とは？

乳香（フランキンセンス）は、アラビア半島南部と東アフリカ、インドの限られた地域にだけ生えているカンラン科の乳香樹の樹脂で、木の皮を削ると出てくる樹液を自然乾燥させて固めたものです。

没薬（ミルラ）は、主に東アフリカのスーダン、ソマリアや紅海沿岸の乾燥した高地に自生するカンラン科の没薬樹の樹液を自然乾燥させて固めたものです。古代エジプトではミイラ作りにも利用されたことからミイラの語源になったとされています。

日本ではいつから？

今から1400年以上前となる595（推古天皇3）年、淡路島に沈水《じむ》という香木《こうぼく》が流れ着いたのがはじまりといわれています。これは『日本書紀』に記された記録ですが、それ以前に大陸から仏教伝来と共に日本に入ってきたとの説もあります。

ワンポイント解説　沈水とは？

沈水とは、現在でいう沈香《じんこう》という香木のことです。沈香は、インドシナ半島やインドネシアなど東南アジアに生息するジンコウ属の樹木に害虫や病気などで発生した樹脂が固まり、樹木は枯れずに中で熟成されると香木となります。日本では仏教をはじめ、茶の湯と香道といった芸道の世界で、よい香りを立てるための薫香として用いられてきました。沈香の他、原産地がインドの白檀《びゃくだん》も香木に分類されています。

〔旅の知識その2〕どのように使われてきたの？

香りは、エジプトなど古代文明から現代にいたるまで、日本をふくめて世界中の宗教儀式や医療など様々な目的で使われていました。歴史の中ではたしてきた香りの主な使い方を整理すると、次の3つに分けられます。

①**宗教**　神や仏への崇拝として香りを使うことは、古来より今日まで世界中で共通しています。

②**娯楽**　古代ギリシアやローマで人々にとって香りは娯楽のひとつとして生活に根付いていました。

③**医療**　古代から近世まで、病の原因とみなされた悪臭に対抗する手段として芳香が用いられました。

この他、香りは時として権力者の富と力の象徴となりました。古代エジプト、プトレマイオス朝最後の女王となったクレオパトラは、手のひらに塗るだけで今の金額にして20万円[2]もの香料を使ったとされ、時には自らが乗る船の帆に香料を染み込ませて、香りによって遠く離れた川下の波止場に自身が来訪することを知らせたといいます。

香りの礎となった古代エジプト（前３０００年ごろ～前30年）

古代エジプトでは、メソポタミアとほぼ同じ時期に香りを使うようになり、宗教をはじめ娯楽、医療とすべてにおいて利用されていました。神に香りを捧げるだけでなく、香りは来世での再生につながると信じられており、ミイラ作りに没薬などの香料は欠かせないものでした。

さらに日常生活でも香りを娯楽とする文化がうまれています。男女ともにロータス（睡蓮《すいれん》）の香りを楽しみ、女性たちは、おしゃれの一環としてボディフレグランス（香料を含ませて円錐《えんすい》型に固めた脂を頭の上にのせ、時間がたつと熱で溶け出し芳香《ほうこう》のある脂が体に流れるアイテム）なども使っていました。

3　睡蓮を持ち，頭にフレグランスをつけた女性たち

この他、様々な香料をブレンドして使う調香が盛ん

になったのもエジプトです。その中でもキフィというお香はレモングラス、ショウブ、シナモンなどの芳香植物と乳香などの樹脂を混ぜてくだきハチミツをくわえて練り固めたもので、宗教儀式だけでなく、薬や屋内の消臭、口臭予防、芳香を楽しむためなどあらゆる用途に重宝されていました。

なお、キフィは、古いものでは紀元前16世紀の医術が記された『エーベルス・パピルス』にレシピが残されていました。

ワンポイント解説

かつてミイラは薬だった⁉

古代エジプトのミイラは、中世のヨーロッパでは、外傷、捻挫《ねんざ》、打撲、気管支炎など、様々な病気に効果がある薬と信じられていました。その為、エジプトではミイラの盗掘が後を絶たず、貴重な香料が使われていた王族などのミイラは高値で取引されていました。特に16世紀のフランスでは人気を博し、ヴァロワ朝第9代フランス王のフランソワ1世は、どこに行くときも常備薬として持ち歩いていたそうです。この時代、ヨーロッパでは、香りがペストなどの伝染病から身を守る手段として信じられていたことも香料がふんだんに使われていたミイラ人気の理由だったようです。

〔旅の知識その3〕もっとも人類に愛されてきた香りは何？

香りの好みは、時代や民族によっても違いがありますので一概にはいえませんが、もっとも人類に愛されてきた香りをひとつ選ぶとすれば、それはバラの香りです。

バラの香り

バラは、「香りの女王」とも呼ばれ、ヨーロッパ、中東、東洋など歴史の中でもっとも愛されてきた花です。古代から生バラの香りを楽しむだけでなく、次のような方法で利用されてきました。

バラ水

バラの花には、水溶性の香り成分が多く含まれているため、水に浸しているだけでも香りが移りバラ水となります。古代ローマでは、ワインに浸してバラ香るワインも飲まれていました。現在のアロマ製品として販売されているバラ水は、10世紀にアラビアで開発された水蒸気を使った蒸留器とほぼ同じ原理の蒸留器で作られています。またこの方法によってバラ水と同時にえられるのが、バラ精油ですが、1キロのバラ精油をえるのに141万個[3]ものバラの花が必要となります。

香油

香油《こうゆ》は、オリーブオイルやアーモンドオイルにバラの花を漬けるなどして香りを移した油です。また香膏《こうこう》と呼ばれる動物脂肪などにバラの香りを加えた軟膏も作られてきました。香油も香膏も、バラだけでなくスミレなど他の芳香植物も使われていました。

1922年、黄金のマスクで知られる古代エジプトのツタンカーメン王の墓から発掘された壺の中には、チョコレート色をした香膏が残っており、ココナッツオイルのような香りがただよったそうです。ただし、当時のような香油も香膏も今は作られていません。

4 縞文長頸瓶(イラン，10～11 世紀)
主にバラ水を入れて使っていた．直径 9.0 cm×高さ 20.0 cm
所蔵　高砂香料工業

5 アラバスター香油瓶(エジプト，紀元前 3 世紀)
直径 4.0 cm×高さ 14.8 cm
所蔵　高砂香料工業

香水

香水は、バラの精油などの香料をアルコールで溶かしたものです。諸説ある中でアルコールを使った香水が初めて作られたのは、11世紀以降のアラビアとされ、おそらく、それはバラの香水だったと考えられます。そして今では、世界中の多くの香水にバラの香りが使われています。

〔旅の知識その4〕香料とは？

バラなど芳香植物から抽出される香りを香料と呼びます。歴史の中で使われてきた香料は次の2種類に分けられます。

- **植物性の香料「花、果実(主に果皮)、樹木、葉、樹脂などから作られる」**

6　花

7　果実(果皮)

8　樹木

9　葉，樹脂

・動物性の香料「マッコウクジラ、麝香鹿《じゃこうじか》、麝香猫《じゃこうねこ》、ビーバーの4種の体内で作られる」

10　マッコウクジラ

11　麝香鹿

12　麝香猫

13　ビーバー

こうした自然界からとれる香りは天然香料と呼ばれています。

・香料の利用

私たち人類は、歴史の中で動植物の香りを次のような方法で香料として利用してきました。

①　焚く　　樹脂や香木などを焚く　→　煙にする。薫香とも呼ばれる。

② 浸す　バラなどの花を水や動植物の油に浸す　↓　水や油に香りを移す。
③ 混ぜる　様々な香料を混ぜる　↓　新しい香りを創る。調香と呼ばれる。
④ 蒸留　原料を蒸留する　↓　香り成分を含む水蒸気を集めて液体にする。

この内、④には、蒸留器と呼ばれる鍋が必要となります。古くはメソポタミア文明で使われており、今から1000年ほど前のアラビアで発明された蒸留器により、水(芳香蒸留水)に加えて精油(芳香植物の香り成分を含む揮発性の油)の抽出も可能になりました。この頃から精油をアルコールで溶かした香水も作られるようになったといわれています。

14　古代メソポタミアの蒸留器
上の蓋に付いた水蒸気が両サイドの溝に流れ落ちる仕組み．5000年以上も前から使われていたと考えられる
参考引用資料　大分香りの博物館　展示資料より

ワンポイント解説　**合成香料の発明**

19世紀には天然香料を化学合成によって人工的に作り出す合成香料が発明されています。現在、私たちが日常で使っている香り製品の多くは、植物性香料、動物性香料ともに安価に大量生産できる合成香料が使用されており、香水などに使う香料をフレグランス、菓子など食品に使う香料をフレーバーと分けて呼んでいます。

香りと歴史の旅へ

この本は、時代や国の異なる7つの章で構成されています。どこから読んで頂いても楽しめる内容になっています。

さあ、これから香りと歴史の物語の旅へ出かけましょう。

第1章

香りを支配する者たち

――アレクサンドロス大王はシバの女王の夢を見るか

1-1　乳香を焚く香炉

高貴で神秘的な乳香の香り。アレクサンドロス大王も少年時代にその香りの虜《とりこ》になり、産地である南アラビアの征服を夢見たと伝えられています。この章では、マケドニアやローマ帝国など地中海世界と乳香の交易によって栄えたとされる伝説のシバ王国を巡る栄枯盛衰の物語を紹介します。

五千年前から、歴史の中で漂ってきた乳香の香り

今もアラビアンナイトのような風景が残るドバイの旧市街。筆者が初めてこの街を訪れた時のことです。迷路のような市場を抜けて、ラクダ肉のハンバーガー屋の前を横切ると、入口の香炉から、ふっと甘くスパイシーな香りが漂ってきました。灼熱《しゃくねつ》の太陽の下、冷たい大理石に触れたような神秘的な香り。それは、かつてのアラビアの宝、乳香の香りでした。

乳香は、アラビア半島南部と東アフリカの限られた地域にだけ生えている木の芳香樹脂です。

樹木の皮を削り出てくる樹液を自然乾燥させて固めて作られますが、5000年前の古代メソポタミアをはじめ、紀元前14世紀、古代エジプト第18王朝のツタンカーメン王の墓からも乳香が見つかっており、オリエント文明やローマ帝国などの宗教儀式を中心に人類がもっとも古くから使ってきた香りです。

現在では、ドバイなどの中東地域に限らず欧米やアジアをふくめて世界中で手に入れるこ

とが出来ます。日本では、奈良時代に中国より日本に渡航してきた鑑真和上《がんじんわじょう》によって、様々な香薬《こうやく》と共に持ち込まれたとされ、古くから薬やお香の原料として使われてきました。

1-2　乳香の木

1-3　乳香(1粒が小指の先ほどの大きさ)

ワンポイント解説　**乳香とアロマセラピー(乳香の香りの効能)**

芳香植物の香りを心身の健康に役立たせるアロマセラピーでは、乳香の香りはリラックス効果があるとされる他、乳香からえられる精油は、呼吸器疾患の症状緩和や筋肉や関節のマッサージにも利用されています。

乳香の支配者たち

伝説のシバ王国があったとされる地は、アフリカのエチオピア、南アラビアのイエメンなど諸説ある中、本書では、現在のイエメンを中心に栄えたとされる説を元に乳香を巡る物語を紹介します。

乳香に魅せられた王子アレクサンドロス

今から2300年以上前、マケドニア王国に乳香の香りの虜になった1人の少年がいました。その名は、アレクサンドロス。彼はマケドニア王フィリッポス2世の王子で、後に王位を継承して、やがては大王と呼ばれるようになります。

アレクサンドロスが14歳になった紀元前340年頃、母のオリュンピアス王女は、アテナイ(現在のアテネ)から、優秀な学者アリストテレスを王子の「家庭教師」として招きます。

アレクサンドロスは、アリストテレスから学ぶうち、「生は父フィリッポス2世から受けた

1-4　アリストテレス（前384～前322年）と王子アレクサンドロス

が、高貴に生きることはアリストテレスから学んだ」と話すほどアリストテレスを尊敬するようになります。

そんなある日のことです。アリストテレスは、王子が宮殿の祭壇で、たびたび乳香を焚くのを目にして、「そんなに乳香の香りが好きなのでしたら、乳香の産地であるシバの国を征服したら、いくらでも使えるようになります。それまでは、貴重な乳香を大切にしなければなりません」とたしなめたそうです。

その後、アレクサンドロスは、父が暗殺されたことにより、紀元前336年、20歳の時にマケドニア王を継承します。以降、2年後の紀元前334年から東方遠征を開始しエジプト、メソポタミアなどを制圧し、紀元前330年にはペルシア帝国を滅ぼした後、さらに西北インドにまで軍をすすめます。こうして大王は、ギリシアからオリエント世界を含む大帝国を築いていきます。そして紀元前323年の春、アレクサンドロスは、ついにアラビア遠征を計画しますが、バビロンでの宴会中に倒れ

10日間高熱が続いた後、この年の6月10日、32歳の若さで亡くなってしまいます。

ワンポイント解説　**アレクサンドロス大王のイメージ戦略**

アレクサンドロス大王はかっこいい、そんな印象をもっている人は多いのではないでしょうか？　実際、大王は当時の女性にも人気がありました。その理由は、精悍な顔立ちと容姿にあります。さらに大王の汗はいい香りがしたそうですが、大王は、大衆に英雄というイメージを与えるため、自らが才能を認めたギリシアの画家アペレス以外、自身の肖像画を描くことを禁止しています。当時からリーダーのイメージ戦略は重要だったようです。

1–5　アレクサンドロス大王（前356～前323年）

では、アレクサンドロス大王が少年の頃に夢みた乳香の産地シバとはどのような国だったのでしょうか？

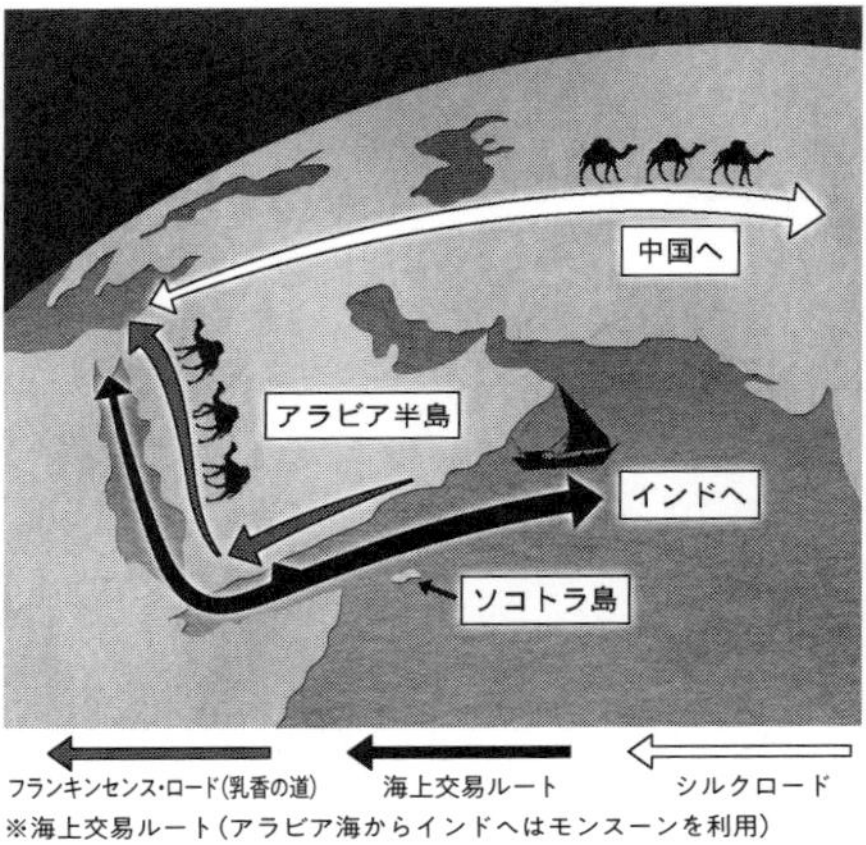

※海上交易ルート（アラビア海からインドへはモンスーンを利用）

1-6 陸と海の交易ルート

伝説のシバ王国とは？

伝説によるとシバ王国は、アラビア半島南部（現在のイエメン）を紀元前10世紀ごろから千数百年に渡って支配していたと言われています。かつて「ハッピーアラビア（幸福なアラビア）」と呼ばれるほどの栄華を誇った理由は、2つあると考えられています。ひとつは、当時、黄金と同じ価値があったとされた乳香の産地であったこと。そして、もうひとつは海洋と陸上ともに貿易ルートを地中海諸国に先がけ確立していたことです。

シバ王国の人々は、後に「ヒッパロスの風」と呼ばれたアラビア海からインド洋にふく季節風（モンスーン）を利用して、インドの胡椒《こしょう》や中国のシルクを海上交易によって手に入れていました。こうした海外からの貴重な品々と国産の乳香などをアラビア海の港町カネー（イエメンのビル・アリ)に集めて、ラクダのキャラバンを組み、陸路でマーリブなどを経由してアラビア半島から地中海貿易の玄関口だった今日のイスラエルまで運んでいました。

このアラビア海と地中海を繋ぐ交易路は「フランキンセンス・ロード(乳香の道)」と呼ばれ、全長2735キロという距離を、常時2000頭から3000頭ものラクダのキャラバンが65日間[1]かけて行き来していました。

ちなみに日本最北端、北海道の宗谷岬から日本列島最南端、鹿児島県の佐多岬までの距離で約2700キロメートルになります。

ワンポイント解説　「ヒッパロスの風」とは?

紀元前1世紀にギリシア人のヒッパロスが発見したとされ、当時のアラビア海や紅海の海洋貿易について書かれた『エリュトゥラー海案内記』にも記されています。夏の季節風を利用すれば、船を使い2週間ほどでアラビア半島からインドに乳香などを運ぶことができ、冬には、向きを変える季節風によってインドからスパイスなど貴重な品々を持ち帰っていたのです。

1-7　ソロモン王とシバの女王

シバの女王

古代アラビア史最大の謎とされるシバの女王は、コーランや聖書には登場するものの、実在した証拠は、いまだ発見されていません。本書では、『旧約聖書』に登場するエピソードを紹介したいと思います。

シバの女王は今から３０００年前となる紀元前10世紀ごろ、当時、繁栄を極めていたイスラエルのソロモン王に知恵比べを挑むため、シバ王国から今でいう「フランキンセンス・ロード」を大勢の従者を伴い、ラクダに大量の香料、金、宝石などを積んでエルサレムを訪ねたとされています。そこで女王は、王の宮殿と臣下たち、もてなしの料理などに目を見張り、全ての難問に答えた王の知恵に感服した後、持参してきた金、宝石、香料を王に贈ったとされています。

この香料とは、乳香と考えられますが、この時、女王から贈られたほどの量は二度と入ってこなかったそうです。逆にソロモン王は、シバの女王に対して贈り物をした上、女王の願うものは何でも望みのままに与えたと伝えられています。女王がソロモン王を訪ねた目的については諸説ありますが、イスラエルとの交易協定を結ぶためだったと考えられています。

なお、シバの女王は、金属加工職人を多数引き連れて帰国し、交易で得た諸外国の宝石に自国の金銀を加工させて、宝飾品に仕上げることにより、さらに自国の利益を増やしたとも伝えられています。

女王が実在していれば行動力と商才に満ち溢れたリーダーだったといえますが、伝説の背景には、この頃から砂漠でロバにかわりラクダが使われるようになっていたことが挙げられます。アラビアで「砂漠の舟」と呼ばれるラクダは、熱い砂漠を何日も水を飲まず1頭でロバの数倍の荷物を運べることから、シバからイスラエルへの過酷な旅を可能にしたのです。

乳香の価値とは?

ローマ帝国の皇帝や地中海諸国の支配者にとって、乳香の香りは神を喜ばせるものとされ、宗教儀式には欠かせないものでした。つまり貴重な乳香を継続的に輸入して、自由に使えることは対外的に国力を示すことになり、国内では権力の象徴になったのです。

1–8　ヘロドトス(前485年頃〜前420年頃)

かつて乳香は黄金と同じくらいの価値があったとされますが、古代ギリシアの歴史家ヘロドトスの著書『歴史』には、メソポタミアの都市バビロンで使われた乳香について次のように記されています。

バビロンの神域には、ひとつ大祭壇があり、ここでは成長した家畜が供えられる。この大祭壇では毎年、神の祭礼の時、1000タラントンの乳香[2]を焚くことになっている。

ここに出てくるタラントンとは、ギリシアなど、古代地中海の国々(古代ローマではタレント)で使われた質量及び通貨の単位です。重さの単位では1タラントンで(37・44kg[3])、通貨の単位は1タラントンで1人の十数年分の収入という説があります。ヘロドトスの使っているタラントンは重さの場合、40トン弱になり、通貨で考えると相当な金額の乳香が使われていたことになります。

空飛ぶ蛇に守られた乳香の木

ヘロドトスは『歴史』の中で乳香の木は、どの株にも、色とりどりの翼のある小さな蛇が無数に群がっていて木々を見張っており、うかつに近づけないと記しています。

この他、古代の地中海に君臨していたフェニキア人は、アラビア海に浮かぶソコトラ島の乳香の木には不死鳥(フェニックス)の棲家があると話していたそうです。さらに時代が進み4〜5世紀の中国でも乳香の木はカワウソに似た香りを食べる恐ろしい怪獣がいると伝わっていました。

もちろん、これらは産地の人々によって作られた話です。当時は、こうした情報操作によっても貴重な乳香の富を守っていたのです。

1-9　不思議な植物が生い茂るソコトラ島

プリニウスによるシバ王国と乳香のレポート

ヘロドトスの時代から500年近く経った1世紀、古代ローマの博物学者で軍人でもあったプリニウス(23〜79年)は、自身の著書『博物誌』の中で、シバ王国の人々は乳香を産する恵まれた森林と金の鉱山、水路を作って潤された農耕地を所有しており、彼らが世界中でもっとも富んだ民族であるとしています。

プリニウスは、シバ王国の乳香について、産地、生産者、当時の価格などを同じ『博物誌』の中で次のように記述しています。

•産地 ↓ 秘密の場所

秘密の意味をもつサリバと呼ばれる場所で、周囲は切り立った岩山に囲まれ、右手は断崖のある海なので、簡単には入り込めない。

•乳香の生産者 ↓ 3000家族だけの世襲

ミナエイという土地の人々が始め今も続けている。その中でも3000の家族だけが、世襲によって乳香の仕事に関わる権利をもっており、こうした人々は聖なる者と呼ばれている。

そして彼ら以外のアラビア人は乳香の木すら見たことがない。

・乳香の収穫　↓　秋と春の年2回

年に1回だけ収穫の習わしがあったが、収益を上げるため年2回（夏から秋、冬から春）になった。ただし、秋に比べて春は品質がかなり劣る。

・輸送　↓　厳しい掟と高い税金

乳香を運ぶ時に決まった道筋からそれると死に値する罪となる。さらに地中海のガザに運ぶまでの間、各所で通行にかかる税金やラクダの餌など含めて、ラクダ1頭当たり688デナリウス[4]（古代ローマの通貨単位のひとつ）のコストが必要となる。

なお、プリニウスは『博物誌』の中で、1世紀、ローマ帝国での乳香の価格について、

ローマの重さの単位1リブラ（約327グラム）当たり、

最上品質で6デナリウス、

2番目の品質で5デナリウス、

3番目で3デナリウス[5]

と記しています。

以上の数値から筆者は、当時の乳香ビジネスの儲けを試算してみました。

その結果、ラクダ1頭当たり130キログラムの積載量として、90デナリウス前後の粗利益(ラクダ使いなどの人件費を含めて)があったと考えられます。この頃、ローマ帝国では4人家族の日常の食費が1日当たり1デナリウス前後だったとされることから、高い関税を払っても2000頭ものラクダで無事に乳香を運ぶことが出来れば、1回のキャラバンでシバ王国には、かなりの収益があったことになります。

プリニウスの『博物誌』の中から、最後に興味深い内容を紹介します。暴君と呼ばれた皇帝ネロ(37~68年)は、妻ポッパエアの葬儀にアラビアで1年間に生産される量の香(主に乳香と考えられる)を一度に焚いたと記されていました。この時代は、ローマ皇帝の持つ富と権力が、いかに絶大だったかを知ることが出来ます。

シバ王国の衰退と滅亡

1000年以上も繁栄を続け、「ハッピーアラビア」と呼ばれたシバ王国も乳香の最大の消費国であったローマ帝国の衰退により、徐々に輝きを失っていきます。4世紀末、ローマ帝国は東西に分裂し、帝国の首都は、ローマから東ローマ帝国のコンスタンティノープル

（現在のトルコ、イスタンブール）へと遷都されます。これにより、中国やインドとの主な交易ルートはユーラシア大陸を横断するシルクロードとなり、中継貿易の要もペルシアへと移ります。そのため南アラビアを経由する「フランキンセンス・ロード」は、かつての役割を失ってしまいます。

1-10　マーリブ遺跡

さらにはヨーロッパに広がっていたキリスト教が、392年ついにローマ帝国の国教に定められたことで、乳香を大量に必要とした古代ローマ帝国から続いた宗教儀式は行われなくなり、地中海全体で乳香の需要は激減していきます。

一方、シバ王国では、豊かさを支えてきた乳香の交易を中心とした経済は急速に衰退していきます。そして570年には、国内の農業を支えてきた巨大なマーリブダムが老朽化により崩壊します。この頃のシバ王国にはダムを修復する経済力は残っておらず、肥沃だった農地は干上がって砂漠となり、やがてシバ王国は滅亡したのでした。

ワンポイント解説　**驚異のマーリブダム**

マーリブダムは、土堤の表面を石板で覆い、石炭モルタルで固定して作られており、貯水池としての役割と雨季に発生する鉄砲水対策として「毎秒2000トン以上の水と微砂に耐えた」とされる巨大ダムでした。96平方キロ(東京ドーム2053個分)の土地を潤すことが出来たそうです。[6]

シバ王国に関しては、NHKで1988年『海のシルクロード』、2007年には、新シルクロード『シバの女王の末裔たち』の併せて2回、特集番組が放送されています。その中からシバ王国の繁栄と衰退を今に伝える詩を3つ紹介したいと思います。

最初はイエメンのサヌーアの街から。石造りの高層住宅の1室に男たちが集まって香炉を廻して乳香の香りを楽しみながら、1日の疲れを癒すシーンが紹介されていました。イエメンではこうした集会をシバの女王がソロモン王を訪問した伝説にちなんで、「ソロモンタイム」と呼んでいるそうです。その時、弦楽器を奏でながら歌われていたのが、シバの女王を讃える歌でした。

「イエメンの母よ
心から愛するシバの女王よ
貴女こそ　文明の源
命を生み出し　平和を授ける
貴女に優る者はいない
イエメンの母よ」[7]

今は砂漠と化したマーリブの都。次に紹介するのは、かつて巨大なダムが建設されていたこの地が緑豊かだったことを思わせる詩です。

「旅人よ、シバの都に来たならば、太陽の日射しを恐れることはない。
なぜならどこへ行こうとも緑の樹影があなたをやさしく守ってくれるから」[8]

そして最後は、砂漠の民に遠い昔から伝わるという歌です。

日没の迫る砂漠、ベドゥインの老人が弦楽器を奏でながら歌った歌詞。それは、乳香に秘められた歴史を人の一生に例えているかのようでした。

「人生は旅のよう
春のように豊かな時期もあるが
どんな繁栄もいつかは終わる
大地とラクダ以外は　何も残らない」[9]

シバ王国滅亡後の乳香は？――中国が世界一の消費国に

シバ王国滅亡後の乳香は、どうなったのでしょうか？　570年頃、メッカにはイスラム教の開祖となるムハンマドが生まれ、アラビア地域はやがてイスラムの世界へと変わっていきますが、乳香はアラビア商人達によって受けつがれ、再びヨーロッパそして遠く中国や日本へも輸出されるようになります。

中国では8世紀頃から乳香という文字が文献に登場します。13世紀、南宋《なんそう》代の官僚だった趙汝适《ちょうじょかつ》(1170～1228年)は、アラビアなど海外の商人から様々な交易品に関する情報を集めて『諸蕃志《しょばんし》』という書物にまとめています。
その中で乳香については、別名を薫陸香《くんろくこう》といいアラビアから産出し、品質は13等級[10]にも分かれていると記しています。中国では、11世紀の北宋時代末期から乳香は薬としてのニーズが高まり、都の香薬庫には１００万斤以上[11]の在庫があったと記録されています。宋時代の１斤は、６３３グラムとされますので、膨大な量があったことになり、この時代、世界一の乳香消費国は中国であった可能性が高いといえます。

もっと知りたい

乳香の香り

アイスクリームからマラリア対策まで!?

現在、乳香の産地として世界的に知られるオマーンでは、乳香の品質が7種類に分けられています。ホジャリと呼ばれる最高品質の乳香は、乾燥した高原地域の木からとれ樹脂は白から黄色となります。逆に雨の多い海岸地域は、樹脂に不純物が含まれることがあり品質が悪く、色も赤茶色をしています。

イエメンやオマーンなど南アラビアの人々にとって乳香の香りは、昔も今も生活に欠かせないものです。その中でも日本との文化の違いを感じるのは、赤ちゃんが誕生すると母親と赤ちゃんの命を病から守るため、ゆりかごの横などで乳香を焚くというしきたりです。また、結婚式などの祝いの席や客人をもてなす香りとしても使われています。この地域でもっとも役立っているのは、衣服に乳香を焚き染めて、マラリアを媒介する蚊を寄せ付けないようにすることです。

1–11　オマーンでは生後 40 日間，乳香が焚かれる

さらにオマーンでは乳香の樹脂は食用としても売られており、レストランでは料理やスイーツの香料としても使われます。筆者が食べた中では、乳香入りのバニラアイスクリームが一番美味でした。乳香の木からミルクのように溢れ出す樹脂と牛のミルクは相性がよいのかもしれません。

文学と香り

「香り」シャルル・ボードレール

本書では国内外の文学作品で、各章のテーマに関連する香りを表現した文学作品を紹介していきます。第1章で紹介するフランスの詩人で評論家だったシャルル＝ピエール・ボードレール（1821～1867年）の詩集『悪の華』には、香りに関する詩がいくつか収録されています。その中から、まさしく、「香り」とタイトルが付けられた詩の一節を紹介します。

読者よ、きみは時おり吸ったことがあるか、
ゆっくりと味わいしめては陶酔しつつ、
ひろがって教会をみたす香のひと粒、
はたまた、匂袋に古くしみこんだ麝香《じゃこう》を？[12]

（『ボードレール全集 I 悪の華』所収、阿部義雄訳、筑摩書房）

この詩に出てくる、「教会をみたす香のひと粒」とは、乳香の樹脂のひと粒をイメージさせられます。上質な乳香は、小指の先ほどの大きさで白く洋梨のような形をしていますが、それに火をつけると、端から溶けていくように燃えて静かに煙が立ち上り、すぐに甘くスパイシーで神秘的な香りが広がります。この詩からは、ボードレールの生まれ育ったパリの教会にゆっくりとひろがる乳香の煙が脳裏に浮かび、香りまでも漂ってくるようです。

第2章

皇帝は香りに恋して

——玄宗と楊貴妃、涙と香りの物語

2-1　楊貴妃(719～756年)

竜脳《りゅうのう》、それはかつてアジアでもっとも希少で高価な香料でした。ボルネオなど東南アジアの一部の島だけに生えている竜脳樹の幹から自然に発生する白く美しい結晶。その香りは、嗅《か》いだ瞬間、鼻から脳にすっと抜けるような心地よい清涼感を感じます。

この章では中国は唐の時代、玄宗皇帝と楊貴妃に秘められた竜脳の香りにまつわる物語、そして体から芳香の漂ったとされる中国の伝説の美女たちを紹介します。

玄宗の涙、楊貴妃の香り

今から１２００年以上前、中国は唐の都、長安では、皇帝を退いた玄宗が、長安城でひとり静かに暮らしていました。

2-2　玄宗皇帝(685～762年)

そんなある日のこと、玄宗の元をひとりの男が訪ねてきます。

男の名は、賀《が》懐智《かいち》、長安随一といわれる琵琶の名手です。玄宗が皇帝だったころ、その音色を奏でに長安城を度々、訪れていました。

玄宗は、護衛が案内してきた賀に懐かしんで声をかけます。

「久しぶりだ、よく来た。今日は何か聴かせてくれるのか?」

すると賀は持っていた包みから、錦の袋を大切そうに取り出し、ひざまずいて話を切り出しました。

「恐れ多くも申し上げます。この中には、亡くなった楊貴妃様に縁のあるものが入っております」

それを聞くと玄宗は、大きく目を見開きました。

賀は続けて「私は、かつて陛下が碁をなさっている時に、琵琶を奏でさせて頂いたことがあります。陛下が負けそうになられた時、観戦されていた楊貴妃様が突然、手元の犬を放されたのです。碁石は散らされて勝負はご破算、陛下は大喜びされていました。その時、楊貴妃様のスカーフが風に吹かれて、私の頭巾の上に落ちたのです。家に帰ると頭巾からスカーフの香りが漂っていることに気づき、この袋に入れて大事にしまっておいたのです」

玄宗は、その袋を手に取りゆっくりと開くと、すぐに仄《ほの》かな香りが漂いました。

「これは確かに私が楊貴妃に与えた竜脳の香りだ」と小さく呟きました。

頭巾を手にして見つめる玄宗の目には涙があふれ、澄んだ瞳から流れた雫が頬を濡らし続けたのでした。

この話は唐の第9代皇帝だった玄宗が、皇帝を退き太上皇《たいじょうこう》となってからのことで、筆者の想像を交えて物語風にしたものです。

では、なぜ中国皇帝だったほどの玄宗が香りを嗅いだだけで泣き出したのでしょうか？

ここからはその理由を紐解いていきます。

玄宗が皇帝だった頃、はじめは、国政を改革し、長安を100万人が住む国際都市にまで発展させました。しかし、後に玄宗は、絶世の美女だったとされる楊貴妃の虜となり、政治を疎かにするようになり唐の国はかたむいたとされています。この為、楊貴妃は「傾国《けいこく》の美女」とも呼ばれています。では実際の楊貴妃はどのような人物だったのか、唐の詩人、白楽天《はくらくてん》は「長恨歌《ちょうごんか》[1]」の中で次のように詠っています。

天生《てんせい》の麗質《れいしつ》は自《おのず》ら棄《す》つるに難《かた》く
一朝《いっちょう》 選《えら》ばれて君王《くんおう》の側《かたわら》に在《あ》り

天生の美しさは、ほうっておくのは難しく、ある日突然、選ばれて皇帝のそばにいることになった。

この歌からは、その美しさから楊貴妃が玄宗に見初められたことが読み取れます。しかし、そのはじまりは玄宗が楊貴妃にいだいた禁断の恋心でした。それは740年のこと。玄宗は3年前に最愛の皇妃、武恵妃《ぶけいひ》を亡くした悲しみから立ち直れず、心に大きな穴が開いていました。当時の宮中には、3000人を超える美女がいたとされますが、玄宗の目にとまる女性はひとりもいなかったのです。そうした中、宮中の有能な部下であった高力士《こうりきし》からひとりの女性を薦められます。それは何と玄宗の息子、寿王の妻、玉環《ぎょくかん》だったのです。

玄宗は保養先の温泉宮に招かれた玉環の姿を見て、眠っていた恋心が燃え上がります。しかし、いくら皇帝といっても相手は、息子の妻であり許される恋でないことは承知の上でした。そこで、玉環を道教へと出家させ息子である寿王との婚姻関係を解消させて、身分を改めさせたのです。その後、745年7月、寿王には新しい王妃をあてがい、翌8月ついに玉環を自らの第一夫人となる楊貴妃として迎えたのです。

玄宗は「楊貴妃を得たのは、至宝を得たようだ」と語ったそうですが、この時、玄宗61歳、楊貴妃は27歳でした。「長恨歌」では、玄宗と出会った頃の楊貴妃の美しさを次のように詠っています。

眸《ひとみ》を回《めぐ》らせて一《ひと》たび笑《え》めば百媚生《ひゃくびしょう》じ
六宮《りっきゅう》の粉黛《ふんたい》　顔色無《がんしょくな》し

振り返って微笑むと誰もが魅了され、宮中の化粧した美女たちも色あせてしまう、という意味の歌です。

楊貴妃は、美しいだけでなく、歌や踊りが上手で音楽の知識も豊富でした。さらには人の気持ちを察して気配りもできる女性だったそうです。そしてもうひとつ、彼女の体から漂った香りが玄宗を虜にしたともいわれています。

楊貴妃は、時に桃紅のような色の汗、今でいうと薄いピンクの汗をかき、沐浴《もくよく》すると水にまで体の香りが移ったと伝えられています。これには諸説あり、彼女は西域《さいいき》のイランなど他民族の血を受け継いでいた為、多汗症で漢民族とは体臭も異なっていたことから、玄宗はそれを気に入ったというのです。

玄宗は、いつしか政治をおろそかにしてまで楊貴妃を寵愛《ちょうあい》するようになります。特に彼女の好物だったライチの実を新鮮な状態で食べさせるため、嶺南《れいなん》(現在の広東省など中国南部)まで昼夜を問わず早馬を乗り継がせ、片道1600キロ以上もある道のりをわずか数日で長安まで届けさせたそうです。これにより、多くの人や馬の命が失われたと伝えられています。こうした特別待遇は、楊貴妃の3人の姉をはじめ親族にも及びました。特に楊貴妃の又従兄だった楊国忠《ようこくちゅう》は酒と博打に明け暮れる遊び人だったにもかかわらず、役人として高い地位まで上り詰め、手に入れた権力によって、賄賂で私腹を肥やすなど暗躍していきます。

唐の政治が堕落していく中、755年に楊国忠と対立していた軍人の安禄山《あんろくざん》が15万人の兵を率いてクーデター(安史の乱)を起こします。戦火が長安の都に迫る中、玄宗は楊貴妃と楊一族を連れ蜀地方へ逃れようとしますが、途中、玄宗の守衛兵たちから、クーデターの原因となった楊一族への反感が高まり、楊国忠をはじめ楊貴妃の姉など次々に殺害されていきます。そして最後には楊貴妃を差し出すよう迫ったのです。

玄宗は、楊貴妃がクーデターと無関係であると兵たちを説得しますが、その願いは叶わず756年7月15日、皮肉にも彼女を玄宗に薦めた部下の高力士によって命を絶たれることになります。

こうして楊貴妃は、栄華と波乱に満ちた38年の生涯を閉じたのでした。

長恨歌では、この時、玄宗は血の涙を流して悲しんだと伝えています。その後、クーデターは弱体化し、玄宗は長安の都へと帰還します。しかし、玄宗は粗末に埋葬された楊貴妃を案じて、部下に命じ密かに遺体を掘り起こし新しい墓へと移しました。

この時、彼女が最後まで身に着けていた匂い袋が玄宗の元へと届けられたそうです。その袋には、まだ竜脳の香りが残っており、それを嗅いだ玄宗は、この時も涙にくれたそうです。きっと「陛下どうかお元気で」と涙を流しながら死んでいった楊貴妃の姿が香りと共に脳裏に蘇ったのでしょう。

玄宗と楊貴妃は、中国でも数々の物語となって伝えられてきましたが、その中でも、中国、宋代初期の伝奇小説『楊太真外伝《ようたいしんがいでん》』には楊貴妃と数時間会えないだけで食事も喉を通らなくなるほど、彼女を想う玄宗の姿が描かれています。

時として人は、香りを嗅いだだけで、過去の記憶が呼び覚まされることがあります。これは滅多にはないことですが、心ときめく恋の記憶、そこに香りがあったとすれば、その可能性は高くなります。老いた玄宗が竜脳の香りで涙を流すことは、2人の間に身分や年齢を超えて純愛という絆で結ばれた時間がなければ、あり得なかったのではないでしょうか。

ここからは、竜脳と唐の宮中の香り文化について詳しく説明していきます。

竜脳とは？

竜脳は、東南アジアのボルネオ島、スマトラ島、マレー半島だけに生育する竜脳樹から得られる無色の結晶のことです。この木はフタバガキ科に属し、成長すると幹の直径が2〜3メートル、樹高も50〜60メートルに達する巨木となります。唐の時代、竜脳を得るには、ジャングルの奥に生えている竜脳樹の幹の割れ目から自然に発生する白く輝くような結晶を採取する以外に方法はなく、大変希少なものでした。

その香りは、爽やかですっきりとした清涼感があるもののミントほどの刺激はなく、まろやかさと深みのある香りが特徴です。竜脳は、古来より中国では匂い袋などに入れて芳香を楽しんだほか、発汗や発疹に効果があるとされ薬としても重宝されました。玄宗が楊貴妃にプレゼントしていた竜脳は、ベトナムの交趾《こうし》(現在のベトナム北部)から献上された極上品で、蚕《かいこ》のような形と大きさで、色は透き通っていたそうです。

この頃、唐の宮廷にいた海外の物産に詳しいペルシア人の鑑定士によって樹齢の長い竜脳樹でしか産出されない希少品と分かりました。その為、中国で縁起のよいとされる瑞《ずい》という文字をつけて瑞竜脳《ずいりゅうのう》と名づけられたそうです。尚、中国では、時代によって竜脳の名称は変わっており、第1章でも紹介した13世紀、南宋代の官僚だった趙汝适がまとめた『諸蕃志』では、脳子《のうし》の名称で記されています。現在の中国では、一般的には冰片《ひょうへん》と呼ばれています。

墨汁の香り？

日本で竜脳は、古くから大陸からの交易によってもたらされてきました。主には、香薬や香の原料として使われており、奈良の明日香村にあるマルコ山古墳からも出土しています。今では、竜脳樹から竜脳が採取されることは稀で、樟脳《しょうのう》もしくはテルペン油からの合成品が代用品となっています。この合成竜脳の香りは、日本では、ごく微量ながら書道の墨汁に使われています。その理由は、竜脳の香りに心を鎮める効果があること、そして墨の原料、にかわ（牛の骨や皮から作るタンパク質）の臭いを消すために役立っています。

唐の宮中にあった香りのエチケットとは？

中国では唐の時代、皇帝に接する全ての者は、つねに口臭や体臭に気を配ることを求められました。特に宮中の女性たちは芳気方《ほうきほう》という体臭を芳しくする処方で口や身体から芳香を漂わせるよう努めていました。芳気方は、平安時代の宮中の医者だった、丹波康頼《たんばのやすより》（912

〜995年)が書いた日本に現存する最古の医学書『医心方《いしんぼう》』の中でも紹介されています。

『医心方』で紹介された主な芳気方

服まで香らせる方法

瓜の種。

松の皮。

大棗《たいそう》の果実を乾燥させたもの(大棗は、クロウメモドキ科のナツメの果実)。

この3種類を同じ分量にして粉末にする。サジ1杯ずつ1日に2回服用すると身体が香るようになり、やがては着ている衣服まで香るようになる。[2]

抱いた子供まで香るようになる方法

丸薬という漢方薬を飲むと、

1日目　自分の口が香る。

5日目　身体が香る。

10日目　着ている服まで香る。

20日目　自分の風下にいる人にも香りが伝わる。
25日目　手や顔を洗った雫も香る。
1ヶ月目　抱いた子供まで香るようになる。

『医心方』には、この丸薬の作り方も紹介されています。

原料は、丁子《ちょうじ》、甘松香《かんしょうこう》、麝香《じゃこう》他7種類の計10種類。

作り方は、原料を細かくして絹の篩《ふるい》にかけて粉末にし、蜂蜜で練り合わせて、杵で1000回つく、という複雑な工程が必要になります。それを小さな錠剤にして口に含み、舐めて飲むことにより効果を得られたそうです。昼1回、夜3回で1日計12錠の服用が必要と書かれていますが、注意事項として、ニンニク、ニラ、ネギ、ラッキョウなどは口にしてはいけないとしています。[3]

香り漂う伝説の美女たち

西施　魚が泳ぐのを忘れてしまった沈魚美人

中国の歴史で4大美女といわれるのが、楊貴妃、王昭君《おうしょうくん》、貂蟬《ちょうせん》、そして西施《せいし》です。西施は、紀元前5世紀、浙江省《せっこうしょう》の紹興市《しょうこうし》で薪を売っていた女性でしたが、川で洗濯をしているとその美しさに見とれて魚たちが泳ぐのを忘れてしまったと伝えられています。

この西施も全身から芳香が漂ったといわれています。楊貴妃の時代から1200年以上も前となり、芳気方もなかったはずですので、彼女こそ本当の芳香体質だったのかもしれません。西施の香りについては、沐浴した水を室内にかけると部屋が芳香で満たされたとの話が残されています。

西施は、その美貌を越《えつ》の王、勾践《こうせん》に見いだされ、越のライバル国であった呉の夫差《ふさ》王におくられる美女のひとりに選ばれます。勾践王の狙いは、夫差王の色ぼけによる呉の弱体化にありました。この策は見事に的中し夫差王は、政治より美女たちに時間と財を注ぐようになります。そうした夫差王は勾践王に隙をつかれ、やがて呉は越によって滅ぼされてしまったそうです。

香妃伝説の謎

中国のメディアによると2001年3月23日、安徽省碭山県《あんきしょうとうざんけん》の工事現場で1体の女性のミイラが発見されました。棺や装飾品から清代の高貴な女性だったことは判りましたが、不思議なことに棺を開けた瞬間、とてもいい香りが漂いでて、近くの住宅にまで広がったそうです。しかもこのミイラの首には大きな傷の痕があり、発見した人々は、伝説の美女といわれた香妃《こうひ》ではないかと期待しました。

その理由は、香妃伝説にまつわる2つの謎、体の香り、そして首の傷痕が一致したことにありました。香妃は、18世紀、ウイグル族の王だったホジハーンの王妃で、その体からは芳香の漂う絶世の美女だったとされています。かつてシルクロードのカシュガルで香妃に関する調査を行った作家の井上靖は、現地の老人から、その体からは棗《なつめ》の花の香りがしたと聞いたそうです。

香妃は、中国で悲劇のヒロインとして数多くドラマや映画にも登場しています。その伝説は、夫であるホジハーン王が隣国の清に対して反乱を起こし敗れ殺されてしまったことから始まります。清の乾隆帝《けんりゅうてい》は、後に残った香妃を自分の妃にするため、北京の紫禁城へと迎え入れます。しかし、香妃は乾隆帝と結ばれることを頑《かたく》なに拒否し、挙句《あげく》の果ては夫の敵として乾隆帝の命を狙う始末でした。

乾隆帝の母である皇太后は、これを見かねて香妃に自刃を迫り、彼女はこれを受け入れ自らの首を短刀で突いて亡くなったとされています。つまりミイラの発見者たちは、首にあった傷痕こそ、香妃の最期として伝えられている傷だと思ったのです。

しかし、最近の研究では、香妃は実在の人物ではなく、乾隆帝にいた数十人の妃の中で唯一のウイグル族だった容妃《ようひ》がモデルだったとの説が出ています。その容妃は天寿を全うした幸せな女性だったことが分かっています。では、このミイラは一体誰だったのでしょうか？いつかその謎が解ける日が来るかもしれません。

ワンポイント解説　棗の花の香りとは？

作家の井上靖がウイグルで聞いた「棗の花」とは、中国で砂棗《さそう》と呼ばれる中央アジアの砂漠など乾燥地帯で見られるグミ科の植物です。高さは1～5メートルの落葉樹で、花は小さく薄い黄色、その香りは甘く動物臭を伴う濃厚な香りがあるそうです。

もっと知りたい

竜脳の香り　産地に伝わる掟とは？

スマトラなど竜脳の産地では、古くから貴重な竜脳を与えてくれる森に対して、感謝と敬意の気持ちを示してきました。14世紀のアラビアの旅行家イブン・バットゥータ（1304～1368年または69年）は、マラッカ海峡を旅した時に立ち寄ったムル・ジャーワという土地の竜脳について、自身の『旅行記』に要約すると次のように記しています。

竜脳は、竜脳樹の枝節の内部に含まれている。不思議なのは、その根元に動物を犠牲にし

2-3　竜脳樹の生い茂る原生林（ボルネオ島のランビル国立公園）
写真提供：森林総合研究所

て葬らないと竜脳が含まれることはなく、特に極上品種の竜脳は、人を犠牲にして捧げなければならないが、人の代わりに小象を使うことが出来る。[4]

イブン・バットゥータは、自分の眼で見たことだけを旅行記に記したとされることから、この当時、竜脳樹に家畜などの動物を捧げる風習があったことは事実でしょう。もちろん、こうした儀式が行われなくても竜脳をえることは可能ですが、今でもスマトラ島では、竜脳を採取する職人たちの間で森に対する敬意として、採取する時は言葉遣いに気を配る慣習があるといいます。

これは貴重な資源を与えてくれる森に対して、人の言葉で怒りを買わないための配慮だそうです。近年、竜脳樹は合板の原料として大量に伐採され日本などに輸出されたことから、現在は、国際自然保護連合（ＩＵＣＮ）のレッドリストに登録され絶滅寸前の種に分類されており、天然の竜脳が市場に出回ることは稀有となっています。
そう考えると地球規模で環境破壊がすすむ中、こうした自然に対する敬意を見習うべきなのかもしれません。

文学と香り

『古今和歌集』、『夏の夜の夢』ウィリアム・シェイクスピア

この章では、玄宗と竜脳の物語から、人は香りによって過去の記憶が鮮明に蘇ることを紹介しました。日本でも今から1000年以上前、香りによって別れた恋人を思い出す歌が詠まれています。

五月待つ花橘の香をかげば昔の人の袖の香ぞする　（よみ人しらず）

（『古今和歌集』）

橘は、初夏に小さな白い花を咲かせる日本原産で唯一の柑橘類で、本州から四国、九州などの温暖な地域に自生しています。筆者は橘の花の香りを嗅いだことはありませんが、これに近い温州みかんの花は、酸味の中に苦味を感じる少しクセのある香りがします。

皆さんは、「恋に効く香りがあったら……」、そんなことを想像したことがありますか？香りを嗅ぐだけで自分の高鳴る気持ちが静まり、その香りをまとうだけで想いの届かない相手を振り向かせることが出来れば、どんなに素敵なことでしょう。

イングランドの劇作家で詩人のウィリアム・シェイクスピア作『夏の夜の夢』は、妖精と人間の世界が交わる不思議な恋愛喜劇です。この作品では、寝ている相手のまぶたに塗るだけで、起きた瞬間に人でも動物でも最初に見た生き物に恋してしまう花の汁が登場します。第2幕では、この花の汁を妖精が寝ている人間の男のまぶたに塗って、その男に片思いをしている娘を好きになるよう仕組む場面があります。

「……男の瞼《まぶた》に花の汁を塗ってやれ。
男は娘を嫌っている。でもアテネ娘は男を恋している。
だから目を覚ましたとき、男が最初に見るのがその娘になるようにしておくんだぞ。

……」5

（『新訳　夏の夜の夢』シェイクスピア、井村君江訳、レベル）

このしぼり汁は、野生のパンジーといわれています。私たちが花屋や公園で目にするパンジーの花には、ほとんど香りはありません。しかし、野生のパンジーの花や葉、茎などをいっしょに潰すと杏仁《きょうにん》の香りがするといいます。皆さんの身近にある香りでは、中華料理のデザートで知られる杏仁豆腐の香りになります。ただし、これは、この作品の中だけに登場する魔法で、野生のパンジーも杏仁豆腐も実際には、効果はありません。

第3章

香りは時代を超えて

——天下人を魅了した名香の謎

3-1　織田信長(1534～1582年)

天下人、織田信長の切望した香り。
それは正倉院宝物、蘭奢待《らんじゃたい》。天下無双の名香と呼ばれる香木です。
この香木には信長の他、足利義政、明治天皇の切り取り跡が残されています。
これは何を意味するのでしょうか？
室町から明治まで４００年以上の時の流れを超えて、権力者たちを魅了してきた香木。
この章では、蘭奢待に秘められた謎に迫ります。

蘭奢待の謎とは？

蘭奢待とは何か？

正倉院宝物である蘭奢待は沈香《じんこう》という種類の香木で、正倉院での正式名称は、黄熟香《おうじゅくこう》と名づけられています。しかし、蘭奢待と呼ばれてきた由来や正倉院に収められた経緯など、今も多くのことが分かっていません。一説には、蘭奢待のそれぞれの文字の中に「東・大・寺」の文字が隠されているとされ、少なくとも800年以上前から、正倉院宝庫に保管されて来ました。

天下無双の香りとは？

天下無双の名香と言われる蘭奢待はどんな香りなのでしょうか？　明治天皇は1877（明治10）年2月、奈良の春日大社に参拝され正倉院にも立ち寄られた後、案内役に命じて切り取らせた蘭奢待を行宮《あんぐう》と呼ばれる出先で使用される場所（この時は、東大寺の東南院）で焚か

3–2　黄熟香[2]（蘭奢待）長さ 156 cm×重さ 11.6 kg. 産地はベトナムからラオスにかけての山岳部とされる　所蔵：宮内庁

れています。『明治天皇紀』には、「薫烟芳芬《くんえんほうふん》として行宮に満《み》つ」[1]、現代風に表現すると「よい香りがただよって、行宮の室内を満たした」と記されています。この他、明治5年に正倉院宝物を調査した蜷川式胤《にながわのりたね》の日記では、その香りについて「香気軽く清らかにして、誠にかすかのかほり有り」[3]と残されています。

香りの評価は、個人によって差がありますが、こうした数少ない証言からも蘭奢待は、特別な香りであることが分かります。

蘭奢待にまつわる謎とは？

蘭奢待には、古くは室町幕府第8代将軍足利義政、織田信長、明治天皇の切り取り跡と紙箋《しせん》が付けられています。

足利義政　1465（寛正6）年9月24日　正倉院の宝物を見る。蘭奢待を截《き》り拝領する。

3-3, 3-4　明治天皇，織田信長，足利義政の切り取り跡に付けられた紙箋　所蔵：宮内庁

織田信長　1574(天正2)年3月28日　奈良の多聞山城に蘭奢待をとりよせて截り拝領する。
明治天皇　1877(明治10)年2月9日　正倉院に行幸して宝物を見る。このとき蘭奢待を截る。[4]

正倉院を開けるには、天下人であっても勅許《ちょっきょ》として天皇の許可をえる必要があり、こうした正倉院の開封記録にも残されますが、蘭奢待を切り取ったのは、記録上、この3人だけとなっています。

そもそも蘭奢待は天皇家ゆかりの宝物ですので、明治天皇の切り取りは義政、信長とは意味が異なりますが、天皇家以外で最初に蘭奢待を切り取った足利義政は、政治には無関心で東山文化と香道の礎を築いた人物です。義政の蘭奢待切り取りは、将軍職として意味はなく、文化人として私的な利用の可能性が高いと考えられます。しかし、織田信長の切り取りには、いくつかの謎が残されているのです。本書では、蘭奢待と信長にまつわる謎を紐解き、その真実に迫ります。

ワンポイント解説　紙箋と切り取り跡の謎

蘭奢待に残された足利義政、織田信長の紙箋は、いつ誰が付けたのでしょうか？ 明治5年に行われた蜷川式胤、町田久成（後の東京国立博物館の初代館長）らによる正倉院宝物の調査で撮影された写真からは、義政、信長ともに紙箋はなかったことが分かっています。

明治10年2月、明治天皇が蘭奢待を切り取られた際、正倉院宝物を管理していた関係者が明治天皇と信長、義政の切り取り跡を区別するため3枚の紙箋を同時に付けたのではないかと筆者は推測しています。しかし、不可解なのは、蘭奢待には、正倉院の開封記録にはない38ヶ所を超える切り取り跡[5]があることが確認されています。それらはいつ、誰が切り取った跡なのか、一説には徳川家康の名前なども挙げられていますが、その真相は今も謎に包まれています。

蘭奢待と信長の謎

ここからは蘭奢待と織田信長の謎を詳しく紐解いていきます。

織田信長の謎とは？

織田信長は、1573（元亀4）年7月の室町幕府滅亡後、天下に君臨したわずか8ヶ月後には、正倉院を開けて蘭奢待を切り取っています。ここで、もう一度、正倉院の開封記録を紹介します。

織田信長　1574（天正2）年3月28日　奈良の多聞山城に蘭奢待をとりよせて截り拝領する。

ではなぜ、信長は蘭奢待を切望したのか？　その謎に迫る手がかりは当時、正倉院を管理していた東大寺の僧、浄実《じょうじつ》（奈良東大寺の年預《ねんよ》　※年預とは寺の実務全般を担当する僧官）の手記「天正二年截香記《てんしょうにねんせっこうき》」[6]に残されていました。この中から最初に信長が家臣に命じて東大寺に蘭奢待切り取りを要求する日から切り取り前後の様子を追ってみましょう。

信長蘭奢待切り取りの5日前

1574（天正2）年3月23日　奈良　東大寺

「信長が来るぞ！」夕暮れ迫る東大寺で我ら僧侶は恐怖に包まれていた。

この日、巳の刻（午前10時ごろ）、突如として訪ねてきたのは、織田信長の家臣である塙九郎衛門と筒井順慶ら１００人もの武士たち。

「信長様が正倉院の蘭奢待を見たいと申しておられる」と伝えてきたのだ。

しかも答えは、今晩中にほしいという。

これを受け、老若の僧が一堂に集まり直ちに会合を開いた。なにせ正倉院が開けられたのは足利義政が蘭奢待を切った１０８年余りも前のこと。しかも正倉院のことは、すべて天皇の許可をいただく必要がある。

開封儀式の習わしなど我らでは勝手が分からない。

ただし相手は、比叡山を焼打ちにしたあの信長だ。うかつに断れば寺だけでなく命も危うい。一同が頭を抱えて悩む中、「頼もう、返事はまだか」と度々、筒井の使いがやって来る。その度、我らに緊張が走る。返事は急を要した。

とはいえここで正倉院を開けてしまえば、東大寺の権威に大きく傷がつく。信長の要求にどう応えるのか、辺りが暗くなっても会合は続いていた。

そこへ「頼もう！　返事を聞きに来た！」と今度は怒気に満ちた大声が響く。この瞬間、我らの恐怖は極限に達した。


ここまでは、浄実の手記を元に筆者の想像を交えて当日の東大寺の様子を再現したものですが、原文では「火急ノ案内」「老若及赤面」といった表現があることから、顔を真っ赤にして悩むほど僧たちが狼狽していた様子が伝わってきます。ではこの後、東大寺の僧侶たちはどうなったのでしょうか？

浄実の手記によると、僧侶たちは、意を決し信長の要求を一旦受けますが、急に正倉院を開けたことは前例がなく、開けるには天皇の勅許と開封儀式が必要になり、その習わしを守らなければ蘭奢待の威光は失われてしまうし、世間から無知と笑われるとつけ加えたのです。

塙と筒井は、これを聞き入れ信長のいる京都へと引き揚げていきます。浄実は、天下人になったばかりで多忙を極める信長のことですから、正倉院を開けるのは来春あたりになると安心していました。しかし、この予想は見事に覆ります。

信長蘭奢待切り取りの前日

1574(天正2)年3月27日　奈良　多聞山城

僧侶たちが返事をしてからわずか4日後、信長自ら大勢の家臣を引き連れ奈良へと下向してきたのです。これには浄実はじめ東大寺の僧侶たちは大慌てします。早速、東大寺を代表して浄実は信長の元へ挨拶に出向きます。そこで信長から「明日、蘭奢待を拝見したい。しかし信長本人が行くと世間が騒ぐので、多聞山城へ運んでほしい」と申し付けられたのですが、なんと信長は、塙や筒井たちが帰ってから、早々に正親町《おおぎまち》天皇の勅許をうけて奈良に下向してきたのでした。

※多聞山城は、信長が宿舎とした城で、正倉院から徒歩で20分ほどの距離にありました。現在、城跡は奈良市立若草中学校になっています。

信長蘭奢待切り取りの当日

1574（天正2）年3月28日、奈良　東大寺、正倉院、多聞山城

ついに信長が蘭奢待を切り取る日を迎えます。

3–5　信長蘭奢待切り取りの図（絵本石山軍記．第2篇の挿絵より）　所蔵：国立国会図書館

辰の刻（午前8時ごろ）、信長の代理として兄の子織田御房が、塙、筒井など48人の家臣を引き連れ東大寺に入ります。信長の家臣、東大寺の僧侶たちが見守る中、京都から来た天皇の使い勅使《ちょくし》による儀式が粛々《しゅくしゅく》と進められ、正倉院の扉が108年と185日ぶりに開かれます。そして蘭奢待は信長の待つ多聞山城へと運ばれます。多聞山城では信長や家臣、僧侶たちが見守る中、普段は仏像などを作る大仏師によって、天皇への献上用と信長用として2切れ（1寸四方ずつ）が切り取られました。その後、蘭奢待は無事に正倉院へと戻され、再び長い眠りについたのでした。

信長の蘭奢待切り取り、その背景――信長から礼金が出た

信長をはじめ戦国の世で戦いに明け暮れていた武将たちは日々、死と向き合ってきました。そんな武将たちにとって茶道や香道の世界は、死の恐怖から解放され心をリセット出来る重要な役割を持っていました。そうした時代の中、茶の湯では千利休、津田宗及《つだそうぎゅう》らが一世を風靡《ふうび》し、香も芸道として確立されていきます。特に香道では、香木の香りを鑑賞して楽しむことが中心となりますので、日本で産出されない貴重な沈香や伽羅《きゃら》といった香木は珍重され、それを持つこと自体が力の象徴となります。

信長にとってもそれは同じで、噂に伝え聞く正倉院の蘭奢待は憧れの香木だったはずです。私たちが持つ信長の印象は、過去の常識に囚われない戦国の風雲児です。戦乱の世を制し天下を掌握《しょうあく》する立場となれば、正倉院開封の習わしにはかかわらず「ほしい物はすぐにでも手に入れたい」となってもおかしくはなさそうです。浄実の手記からも、その一端を垣間見ることが出来ますが、その裏には信長の意外な一面が隠されていました。

実は、信長は東大寺側の話を聞き入れ、正倉院の習わしに従って全てを進めていたのです。信長は奈良に下向する前、正親町天皇に「蘭奢待の切り取り」を願いあげて、天皇自らの命

によって了承を得ています。さらに注目すべきは、切り取った2切れのサイズ(1寸四方ずつ)とその用途(ひとつは天皇献上用、ひとつは自分用)です。これは、108年前の足利義政と同じだったのです。つまり信長は、正倉院の習わしだけでなく、切り取りの作法も前例に従っていたのです。

東大寺では、こうした大仕事があると関係者の慰労会を開くのが慣例でしたが、信長の一件は急な事だったとして会は無しになります。皆がっかりしていた時に、なんと信長から謝金が支給され、関係者は喜んで慰労会を開いたそうです。意に反する者への残忍な所業でも知られる信長ですが、こうした気配りをする一面もあったようです。

信長は蘭奢待の香りを心ゆくまで楽しんだのでしょうか？　実はそうした記録は残っておらず、蘭奢待を切ったわずか6日後となる4月3日に京都の相国寺で茶会を開き、招待していた千利休と津田宗及に分け与え、その時に出た切れ端を家臣の村井《むらい》貞勝《さだかつ》にも与えています。つまり信長は蘭奢待の香りを楽しむどころか、力の象徴として持ち続けることもなかったのです。では、なぜ信長は天下人になって早々に蘭奢待を切ったのでしょうか？　信長の真の目的は何だったのか？　これが蘭奢待と信長の謎となります。

ワンポイント解説　正倉院開封の習わしとは？

正倉院には、東大寺を創建した聖武天皇ゆかりの宝物を中心に、遠くシルクロードから渡来した楽器や衣類、薬など様々な宝物が収められていました。そうした宝物を守る為、いにしえより天皇の許可がないと開けることが出来ない勅封倉《ちょくふうそう》として厳重に管理されてきたのです。そのため開封には、天皇の使者として勅使が立ち会うことが必要とされ、多数の係官による儀式が行われなければならないなど古くから続けられてきた習わしがあります。特に倉を閉じるときの勅封の方法は、古い記録に「秘伝だからこれを明らかにせず」[7]とされています。それだけ正倉院を開ける・閉じるということは、一部の限られた人にだけ許され、秘密とされてきたのです。東大寺の浄実たちが、信長から突然の命に困ったのも無理はありません。

3–6　正面に向かって右から順に北倉，中倉，南倉[8]．現在，蘭奢待は1962年に建てられた西宝庫（鉄筋コンクリート造）に保管されている　所蔵：宮内庁

信長の謎、その真実に迫る

ここからは、織田信長と蘭奢待にまつわる謎を解く真実に迫りたいと思います。

信長の謎　真の目的と狙いとは？

織田信長の切り取りは正倉院の記録、東大寺の浄実の手記など、多くの記録が残っているのはなぜでしょうか？　それは信長が新たな天下人になったことを世に知らしめるため、蘭奢待の切り取りをニュースとして情報拡散を狙ったのではないかと筆者は推測しています。

足利義政以来、108年ぶりの蘭奢待切り取りは、当時、大きなインパクトがありました。だからこそ正倉院の習わしに従い、その後、情報の発信源となる東大寺に謝礼をするなど気を配ったのだと思います。そして何より、天皇との関係を含めて新しい時代の天下人に相応しい一面を世にアピールすること、さらに当時の経済の中心であった大坂の堺との関係を強固にする狙いもあったと考えられます。

信長が切り取った蘭奢待を分け与えた千利休も津田宗及も、茶人であると共に堺の経済界では中心的な人物でした。正に蘭奢待切り取りは、信長の狙い通り政治、経済の両面で新時代のリーダーを天下に認識させるには十分であったといえます。

ここまで蘭奢待と信長にまつわる謎と真実に関して、筆者の説を紹介してきましたが、そこに蘭奢待を巡って信長の思惑が秘められていたことを感じて頂けたのではないでしょうか。最後に蘭奢待に付けられた3枚の紙箋を見直すと、改めて歴史の転換点を感じます。

●足利義政　1465(寛正6)年9月24日　戦乱の世の入口
この年は義政の正室、日野富子に男児が生まれ応仁の乱の発端となる年です。

●織田信長　1574(天正2)年3月28日　天下人の誕生
前年の室町幕府滅亡で、天下に君臨した信長の世がスタートした年です。

●明治天皇　1877(明治10)年2月9日　近代国家の始まり(武士の時代の終わり)

蘭奢待は天皇家ゆかりの宝物ですので、背景を説明する必要もありませんが、明治10年の明治天皇は、西南戦争などの士族による内乱が続く中、武士たちの時代の終わりと近代国家として歩み始めた新しい時代をそこに示そうとしたのかもしれません。

これから先、私たちが蘭奢待の香りを体験することはありません。しかし、正倉院で保管されている限り、いつの時代になっても人々のロマンを掻き立てさせてくれるでしょう。

蘭奢待、その後の秘話

蘭奢待と千利休

信長の開いた茶会で、千利休に蘭奢待が分け与えられたことは紹介しましたが、利休は蘭奢待をどう使ったのでしょうか？　それは江戸時代、元禄(1688〜1704年)のころに書かれたとされる千利休の秘伝書、『南方録《なんぼうろく》』に残されていました。ここで利休が蘭奢待を焚いた伝説の茶会を紹介しましょう。

3–7　千利休（1522～1591年）

3–8　津田宗及（生年不詳～1591年）

当時は、ひと冬に2～3回、ひと夏に1～2回、必ず人が語り継ぐような茶会があったそうです。

千利休と同じく信長から蘭奢待を分け与えられた津田宗及は、ある日の明け方、雪が降りとても風情があることから思い立って利休の屋敷に出かけます。利休の屋敷につくと門の戸がわずかに開けられており、まるで来客を待っていたかのように茶の湯の準備が整っていました。

利休邸の家人に来意を伝え休んでいると、しばらくして得も言われぬほど、素晴らしい香りが漂ってきます。その香りを宗及は、すぐに蘭奢待の香りだと気づきます。宗及が蘭奢待の残香を楽しみたいと利休に頼むと、その香炉が渡されたそうですが、そのとき誰かがくぐり戸を開く音がしました。

利休は「醒ヶ井《さめがい》まで水を汲みに行かせたのが今届いたようです。釜の水を改めましょう」

と宗及に言ったそうです。醒ヶ井の水とは、当時、天下の名水といわれた井戸で、今も京の名水として利用されています。利休の屋敷にも茶事に使う井戸はありましたが、利休邸から往復で6キロ以上もある井戸まで、夜明け前の暗い雪道を水汲みに行かせていたのです。

利休が釜を引き上げ、水を改めている間、宗及は釜の火を見て、炭の燃え方から補充が必要なことを知ります。利休が戻ってくると「水が改まり、火も足されると思いました。差し出がましいとは思いながらも炭を足しておきました」と言って、その手を煩わせなかったそうです。利休は、これに大いに感銘し、「このような客人に会えるからこそ、こうした日に湯を沸かし、茶を立てるかいがあるものだ」と語り伝えたそうです。

まさに天下無双の名香、蘭奢待が香り漂うに相応しい、歴史に残る2人の茶人による伝説の茶会だったといえます。

ワンポイント解説

利休の香炉

千利休と津田宗及が信長から蘭奢待を分け与えられた理由は、2人とも天下に名高い香炉を持っているからだったそうです。それは、どんな香炉だったのでしょうか？

3-9　青磁香炉・銘千鳥

諸説ある中で、この時、利休が持っていたのは「青磁香炉・銘千鳥」だったと言われています。この香炉には、三脚の浮き足が付けられていますが、ある時、利休の妻、宗恩《そうおん》から、足が高くて恰好が悪いと指摘されます。利休は、私もそう思っていたと言って専門の職人に頼んで、とても高価なこの香炉の浮き足を1分(約3ミリ)削らせたそうです。

利休は、日ごろからこうした名香炉を持っている人は、名香を持っていなければいけないと説いています。この香炉は、豊臣秀吉が所有していた時期もあり、天下の大泥棒として有名な石川五右衛門は、豊臣秀吉の暗殺を狙って、伏見城の寝床に忍び込んだ際、秀吉の枕元にあったこの香炉の蓋に付いている千鳥が、突然、「ピッピ、ピ」と鳴きはじめ秀吉はこれに気づき、間一髪、五右衛門を捕えられたとの伝説が残されています。

もっと知りたい　香木の香り（その1）

香木と香道の歴史

ここで香木と香道の歴史を簡単に紹介しましょう。

日本で最初に香木が淡路島に漂着した595年以降、香木は大陸からの使節や交易によってもたらされ仏教儀式で使われるようになります。平安時代に入り、宮中の貴族の間にも香りを教養として楽しむ文化が広がり、「薫物《たきもの》合わせ」という遊びも行われるようになります。これは各自がオリジナルの配合で練ったお香（練香）の香りの優劣を競うもので『源氏物語』にも登場しています。その後、鎌倉時代に貴族にかわり武士が台頭すると、薫物から香木の香りをじっくり楽しむ文化へと変わっていきます。やがて武士たちの間に複数の香木の香りを嗅ぎあてる組香《くみこう》という遊びが流行し、香木を楽しむための作法や道具が整えられていきます。そして東山文化の時代には、芸道にまで発展して「香道」が成立しました。

香道では、香りを「嗅ぐ」から、「聞く」と表現する作法となり、香木を鑑賞する聞香《もんこう》と、香りを聞き分ける組香の二つの要素が中心となります。香道の礎となった「御家流《おいえりゅう》」と「志《し》野流《のりゅう》」の2つの流派は、今もその伝統を守り続けています。

3-10　聞香
香炉からは，灰の中に埋められた炭団《たどん》と呼ばれる炭の火で焚かれた香木の香りが仄かに漂ってくる

香道での沈香の分け方

香道で香木といえば沈香をさすといわれており、樹脂が沈着した部分は重く、水に沈むことからこの名がつけられています。樹脂は、長い時間と共に熟成されて沈香となりますが、含まれる樹脂量の違いから、次の6種類に分かれています。

伽羅《きゃら》　ベトナム産　※最高級品
羅国《らこく》　タイ、ミャンマー産
真那伽《まなか》　マラッカ産
真南蛮《まなばん》　インド産
佐曽羅《さそら》　インド産
寸聞多羅《すもんたら》　インドネシアのスマトラ島産

※産地の考え方は、専門家や研究者によっても異なる。

さらに香道では沈香の香りを5つの味わい(味覚)にたとえて、次のように表現します。

辛(シン・からい)
甘(カン・あまい)
酸(サン・すっぱい)
鹹(カン・しおからい)
苦(ク・にがい)

香道では、この6品種(六国)と5つの味わい(五味)を合わせて六国五味《りっこくごみ》と呼んでいます。

蘭奢待の香りは、沈香の中でも最高の香りとされる伽羅に近いといわれています。通常の伽羅は、1つの木に香りの味わいを2つ以上持つとされますが、蘭奢待は5つもの香りの味わいを持つとされています。

もっと知りたい

香木の香り(その2)

江戸時代、伽羅の香りで全財産を失った夫妻

徳川家康は、香木マニアと呼べるほど伽羅などの香木を収集したといわれていますが、伽羅は江戸時代、庶民はもちろんのこと、大名ですら簡単には手に入れることの出来ない高級品でした。その為、江戸時代は、日用品でも最高級の品を「伽羅の下駄」とたとえたり、評判の美人を「伽羅女」などと表現していました。

その伽羅が、当時いかに貴重だったかを知るエピソードを紹介します。

1681(天和元)年5月8日、江戸幕府5代将軍徳川綱吉は、初めて上野寛永寺で墓参りをする際、道すがら伽羅の香りが漂っていることに気づきます。すぐに家臣に調べさせたところ、下谷広小路(現在の上野広小路)にある仕立屋で焚かれていたことが分かりました。その仕立屋は、将軍参詣の行列を見物しようと大地主で富豪の町人、石川六兵衛が借りた場所でした。そこで六兵衛夫妻は、伽羅を焚きながら豪華な衣装をまとい優雅に過ごしていたのです。

綱吉は、大奥でもめったに焚かない伽羅を町人が焚いて、自分たちを見物していたことを知り激怒します。すぐに石川六兵衛夫妻は、町奉行に連行され町人の身分での行き過ぎた贅沢をとがめられます。最終的には、夫妻ともに土地や家屋など全財産を没収され、江戸の町から追放処分を受けたそうです。それにしても綱吉が籠の中から香りを感じるほどですから、六兵衛たちは豪快に伽羅を焚いていたのでしょう。まさに年貢の納め時、ならぬ伽羅の納め時だったといえます。

ワンポイント解説 **江戸時代、伽羅の値段はいくら?**

江戸時代、こうした伽羅や沈香の値段はいくらだったのでしょうか?

江戸初期、1614(慶長19)年、長崎のオランダ商館員が堺で売買した報告によると次のようになります。

- 伽羅　1斤につき高級品で250匁(今の価値にして、600グラムで約55万円)
- 沈香　1斤につき高級品で80匁(今の価値にして、600グラムで約17万5千円)[9]

（伽羅、沈香ともに現在のベトナム北部又は中国から輸入品）

大奥と香道

江戸城の大奥でも香道が盛んで、香の香りを聞き分ける十種香《じしゅごう》という遊びを中心に行われていました。特に志野流香道には多くの奥女中が入門していた時期もあり、1816（文化13）年に女中のたきをはじめ29名[10]が入門しています。さらに大奥には、香りを聞く時は無言で行う、席を離れない、衣類に革製品を禁止するなど8項目のルール[11]があったそうです。

ただし、当時は大奥や武家だけでなく香道は、東北から四国、九州にいたる全国の農村にも広がっていました。さらに江戸では、香道のいろはを教えていた寺子屋もあり、子供の頃から香りの教育が行われていたことには驚かされます。

文学と香り

「美しい滅びの芸術」中井英夫

香道では、沈香の香りを味にたとえ五味（辛・甘・酸・鹹・苦）で分けること、樹脂の状態によって6種類（伽羅、羅国、真那伽、真南蛮、佐曽羅、寸聞多羅）に分類すること、これを六国五味としていることを紹介しました。しかし、香りを文章で表現することはとても難しく、特に沈香の香りを表現した作品はほとんどありません。そうした中で沈香の香りと香道の世界を見事に表現した中井英夫の随筆の一節を紹介します。

伽羅。それは、ある甘酸っぱさ。仄かでありながら芯の勁《つよ》いもの。
真南蛮。それは、ためらい、たゆたい、しかも確かにゆらぎ出るもの。……というのが、生まれて初めて聞香炉を手にし、そこに立昇る薫烟へ顔を寄せたときの印象であった。[12]

（『中井英夫作品集 Ⅱ 幻視』所収、三一書房）

伽羅の香り、それは日常で出会う事のない特別な香りです。中井英夫は、この作品の中でその香りを「ある甘酸っぱさ」と表現していますが、筆者が初めて伽羅を体験した時、全神経を嗅覚に集中して、聞香炉から感じ取った香りには、深みのある甘さがありました。その瞬間は、透き通るような心地よさが全身に広がったことを記憶しています。

それは、伽羅であるという先入観によって感じたことなのか、それとも伽羅の香りの成せる業だったのかは分かりませんが、そこに至福の時が流れていたことだけは確かでした。

第4章

海に漂う香りの王者

——アンバーグリスの物語

香りの王者と呼ばれるアンバーグリス。今、この瞬間も広大な海に漂っているかもしれません。それは世界中の海辺で見つかるものの100年ほど前まで、この香りを放つ漂流物は謎に包まれていました。しかも見つけた人々は、まるで金塊を拾ったかのような大金を手にしていたのです。

謎に包まれた香りの王者

これから紹介するのは、300年以上前の石垣島であった話です。

ある晴れた日の石垣島、雪のような白い砂浜を1人の農夫が歩いていました。しばらくすると波打ち際に灰色の大きな塊を見つけます。

近づいて見るとそれは米俵の倍ほどもあり、不思議な香りを放っていました。

男は、真っ青な空に向かって、手を突き上げて叫びました。

「これは竜のふんだ! ついに見つけたぞ!」

この男が喜ぶのも無理はありません。この不思議な塊は当時の琉球では、竜糞《りゅうふん》と呼ばれ、役所に届ければ目方に応じて褒美がもらえたのです。

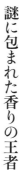

早速、男は荷車を用意して役所に持ち込みます。

役人が重さを量ったところ、なんと162斤130目(約100キロ)もあり、農夫には後日、40石弱(約6トン)[1]もの粟が渡されました。

この話は、1704(元禄17)年2月9日、琉球王府の奉行所の記録を元に筆者の想像を加えて書いたものですが、それにしても、この竜糞とは何だったのでしょうか？

実は、これこそ香りの王者と呼ばれるアンバーグリスだったのです。

アンバーグリスとは？

アンバーグリスは、フランス語の「灰色の琥珀」を意味するambre gris(アンブル・グリ)から由来しており、西洋ではこの名称で呼ばれています。日本では、江戸時代、竜糞と呼ばれていましたが、今は、中国で竜のよだれが固まって出来たとの言い伝えから付けられた竜《りゅう》涎香《ぜんこう》と呼ばれています。そのアンバーグリスは、古くからもっとも神秘的で希少な香料として、金と同じ価値があるとされてきました。

諸説ある中で7世紀初頭、アラビアで薬として使われたのが始まりとされ、やがてアラビア商人によって西洋や中国にもたらされます。香料としては香水の香りを長持ちさせる効果があることから世界中で重宝されてきました。

発見される場所は、世界では主にアラビア海、東アフリカ、ニュージーランドなどの海岸ですが、その正体は長い間、謎に包まれ、17世紀から18世紀、ヨーロッパの学者たちの間では、海底の泉から湧き出てくる説や海岸に住む蜜蜂のハチミツとミツロウが太陽の熱で海に流れて固まった説までありました。しかし、アンバーグリスを砕くとイカやタコのクチバシが出てくることもあり、今では、それらがマッコウクジラの胃や腸を傷つけて出来る結石の一種と分かっています。

ただし、なぜ、マッコウクジラに限られるのかは今も分かっていません。19世紀から20世紀、商業捕鯨が世界的に盛んだった時代には、捕獲したマッコウクジラの体内からアンバーグリスが直接取り出されることもありました。

しかし一般的に高値で取引されるのは、捕鯨の副産物としてのアンバーグリスより、自然に体外に排出されて海洋を漂い、日光にさらされ独特の香りを有するようになったものです。色が青または黄色を帯びると上質、さらに灰色に変色したものが最上質とされています。

4–2　マッコウクジラ

4-3
写真提供
Photo cooperation : Ambergris NZ Ltd
Photograph : Frans Beuse

アンバーグリス（竜涎香）の香りは？

アンバーグリスの香りは、古くからアラビアでは人気があり、「恋した人の吐息はアンバーグリスの香り」と表現することもあったそうです。実際の香りは、状態によって異なりますが、長く海を漂っていた上質なアンバーグリスは、人によって線香の香りに近い、あるいは、一度も嗅いだことのない不思議な香りと感じる人もいるようです。

筆者が、かつて嗅いだことのあるアンバーグリスは、たとえると明治時代に建てられた日本家屋の床の間で体験した古臭いけれど、どこか懐かしい香りに似ていました。

突然、大金を手にした人々

この章の最初に石垣島の農夫の話を紹介しましたが、日本に限らず世界でもアンバーグリスを発見した人々は大金を手にしていました。歴史に残る記録では１６９３年、インドネシアのモルッカ諸島にあるティドレ島の王様が92キログラムもある大物をオランダ東インド会社に1万1000ターレル[2](ターレルは、17～18世紀ヨーロッパで使われていた銀貨)、現在の価格で5000～6000万円で売却しています。近年でも世界各地の海岸で偶然、それを見つけた人々が大金を手にしています。ここで過去100年間に見つかり、高値で取引されたアンバーグリスをいくつか紹介しましょう。

1928年、ニュージーランド

サウスランドのビーチで、3人の男性が85キログラムのアンバーグリスを見つけました。

その後、フランスの香水会社に当時の価格にして8000ポンドで売却しています。その内の2人は、この資金を元手に農場のオーナーになったそうです。

4-4 85 kg のアンバーグリス

2006年、オーストラリア

オーストラリアのビーチを歩いていたカップ

ルが、32ポンド(約14・5キログラム)、金額にして少なくとも29万5000ドル(約3400万円)とされるアンバーグリスを発見しています。

2013年、イギリス

愛犬と海岸を散歩していた男性が、6ポンド(約2・7キログラム)のアンバーグリスを発見し、その価値は18万ドル(約1620万円)と評価されています。

現在、商業捕鯨が禁止されていることから、欧米でアンバーグリスは「フローティングゴールド」つまり、「浮かぶ金塊」とも呼ばれることもあります。

※2006年と2013年は、いずれも発見当時の為替レートで計算。

千年以上前は、月明かりの浜をラクダに乗って探していた

ここまで紹介してきた人々は、浜辺を歩いていて偶然にもアンバーグリスを見つけましたが、今から1000年以上前となる9〜10世紀頃、アラビア半島南部の海岸近くの住人たちは、月明かりの夜、ラクダに乗って海辺を探していたと伝えられています。そうしたラクダ

は普段からアンバーグリスの香りに馴らされており、浜辺でそれに気づくと膝を曲げて背中に乗っている飼い主に知らせるよう訓練されていたそうです。

満月のアラビア海、月明かりの下を歩くラクダの陰を想像するだけでもロマンがあります。

アンバーグリスは偽物に注意⁉

アラビアでは、9世紀以降アンバーグリスの需要が広がると、市場に偽物が出回っていたようです。それはマッコウクジラの腸を使って香りを真似して作ったり、別の魚から取った悪臭を放つマンドという部位をアンバーグリスとして売ったりしていたそうです。さらに10世紀以降、高値で取引されるようになってからは、偽物を作る名人もいたようです。そうした偽物を見極める方法のひとつとしては、アンバーグリスを数グラムほど削り熱した鉄板の上に置いて燃やすことでした。立ち上る煙の香りによって真否が分かったようで、本物であった場合、残る灰が少なければ少ないほど上質と判断されていました。

マルコ・ポーロは知っていた⁉

ヴェネツィア共和国の商人で冒険家のマルコ・ポーロは、アンバーグリスの正体を13世紀

4–5 マルコ・ポーロ
(1254〜1324年)

末には、すでに知っていたようです。マルコ・ポーロは『東方見聞録』の中で、第1章でも紹介したアラビア海のソコトラ島で行われる捕鯨とアンバーグリスについて次のように語っています。

「この島ではアンバーグリスが沢山とれる。それは海中のマッコウクジラの腹から採取するものである。島の漁師はマグロを捕獲して、マグロの切り身に塩を加えて発酵させた餌を用意して、小舟に積み込み、沖合に出かける。その餌に浸した布切れを海に投げ込み、その匂いでクジラをおびき寄せ、さらにその餌をクジラに食べさせると人がワインを飲んだ時のようにクジラも酔ってしまう。この隙にクジラの頭に銛を打ち込み、そこに小さな桶などの浮をロープでいくつも縛りクジラが海中に戻れない様に仕掛けを作る。クジラは海中に戻ろうとするが浮があるので戻ることが出来ず、これを繰り返すとやがて疲れて死んでしまう。漁師はこれを舟に引き寄せ、近くの港まで運んで売っているが、腹からはアンバーグリスを見つける[3]」

なお、マルコ・ポーロは、ソコトラ島や南アラビアには旅をしていない為、南インド沿岸など旅先で聞いた話ではないかとされています。

江戸時代の日本では？

江戸時代、日本でアンバーグリスは、竜糞と呼ばれ、役所の文書では鯨糞とも書かれていた為、一部の人々はクジラの排泄物だと知っていたようです。豊前《ぶぜん》小倉《こくら》藩の初代藩主だった細川忠興が1616(元和2)年に土佐の山内忠義にあてた書簡には、アンバル(アンバーグリス)は「くじらの糞のこと」[4]と書いています。日本では、高知や和歌山の海岸で見つかることもありましたが、もっとも多く見つかった沖縄では、万病の薬、不老長寿の薬といわれて珍重されていました。

さらに江戸時代の琉球王府では、アンバーグリス(竜糞)を含めて海からの漂着物はすべて寄物《ゆいむん》と呼んでおり役所が厳しく管理していました。これは当時、琉球王府は江戸幕府による鎖国・キリスト教禁止の政策下において行われていたためですが、役人による定期巡回があり、どんな物でも発見すると書面による報告が必要だったのです。

その中でもアンバーグリスは厳しい定めがあり、発見してから7日以内の報告義務が課せられ、役所に隠れて売買する事は固く禁止されていました。最初に紹介したような発見者に褒美を支給していたのもヤミ取引を防ぐための策だったと考えられます。

琉球王府では、こうして集めたアンバーグリスは江戸時代、支配下におかれていた薩摩藩との間に引換条件が定められており、大半は船で薩摩に運んでいました。

1628(崇禎元)年、琉球王府の文書によると次のような条件が記載されています。

(白い鯨糞)1斤(600グラム)につき米五石(750キログラム)

(黒い鯨糞)1斤(600グラム)につき米五斗(75キログラム)[5]

色の白い鯨糞は黒い鯨糞の10倍もの価値があったことが分かります。一方の薩摩藩では、アンバーグリスを将軍家への献上品および長崎を通じて海外への輸出品として扱っていたようです。日本国内に限らずヨーロッパから日本に来た商人たちも、上質のアンバーグリスが安値で手に入ることに注目していました。

江戸時代初期にイギリスから渡航してきた航海士で貿易商でもあったウィリアム・アダムスの船の乗組員リチャード・ウィッカムは、1614年11月、平戸のイギリス商館長コックス宛ての手紙で「琉球には良質なアンバーグリスが多量に貯蔵されていて、しかも良質で安い」と報告しています。

これは鎖国が実施される以前のことになりますが、ヨーロッパ商人の間では、母国に持ち帰れば大金を手に出来る琉球のアンバーグリスは、まさに宝物だったわけです。しかも、琉球産のアンバーグリスは、偽物の心配がなかったことも人気の理由だったと考えられます。

ワンポイント解説

アンバーグリス以外の動物性香料

アンバーグリス以外の動物性の香料は、次の3種類があります。いずれも香りを長持ちさせる保留剤として主に使われてきました。

- 麝香鹿《ムスク》　1頭の生涯で一度だけ採取可能。香料としてはムスクと呼ばれる。ジャコウジカの下腹部にある香嚢《こうのう》を切り取り乾燥させたもの。
- ビーバー　1匹の生涯で一度だけ採取可能。香料としては、カストリウムと呼ばれ、ビーバー科のビーバー

4–6　麝香鹿

4–7　ムスク（長さ5〜6cm）
写真提供：成光薬品工業

の肛門近くの香嚢を切り取り乾燥させたもの。

・麝香猫《シベット》　一定周期で繰り返し採取可能。香料としては、シベットと呼ばれる。エチオピアに生息するジャコウネコの香嚢からワックス状のペーストを採取したもの。シベットだけは、9〜15日間おけば繰り返し採取が可能で、1頭あたり300〜360グラムが集められる。[6]

4-8　ビーバー

写真提供：123RF

4-9　麝香猫(シベットキャット)

現在では、ワシントン条約で絶滅危惧種に指定されたマッコウクジラの商業捕鯨、ジャコウジカの捕獲は禁止されている為、主には代用として化学合成によって作られた合成香料が使われています。

もっと知りたい

アンバーグリス（竜涎香）

アンバーグリスは、かつてスイーツなどの食品香料（フレーバー）としても使われており、1000年以上前からアラビア地方にあるシャーベットや、350年以上前のイギリスで作られた世界初とされるアイスクリームにも使われていました。

「シャルバータ」――千年前のシャーベットは、アンバーグリス風味!?

シャルバータは、果物に砂糖を加えて、氷や雪で冷やしたアラビアのデザートです。1年を通して暑い地域では、氷や雪の代わりに第2章で紹介した竜脳を加えて清涼感をえていたそうです。

作り方

ブドウ、桑の実、季節の果物を容器で混ぜて砂糖を入れます。ここにアンバーグリス、バラ水（ローズウォーター）、サフランなどを適量入れて香り付けをします。最後に容器ごと氷や雪で冷やして（もしくは、竜脳をごく少量加えて）完成です。

「シャルバータ」はシルクロードを経て中国にも伝えられ、漢字に訳され「舎里《しゃり》八《ば》」と呼ばれるようになります。モンゴル帝国の第5代皇帝クビライ・カアン（1215〜1294年）は、その美味しさに驚き、調合した医師を士官にまで昇進させ、皇室以外で作ることを禁じたと伝えられています。

「アンバーグリス風味のアイスクリーム」――世界でもっとも古いアイスクリームレシピ

最近になって、乳製品ベースでは世界で最初とされるアイスクリームのレシピが発見されました。それは1665年にイギリス貴族の女性アン・ファンショウ（1625〜1680年）が手書きしたレシピブックに残されていました。

　そのアイスクリームはレンガのような形をしており、フレーバーとして、オレンジフラワーの蒸留水、メース（ナツメグと同じ果実から取れる香辛料）、そしてアンバーグリスが使われていました。ただし、アン（イギリス女王）の菓子職人だったメアリ・イールズが1718年に残したアイスクリームレシピが初めてとする説もありますが[7]、現在のアイスクリームの原形として有力なのは、イタリアのシチリア島出身の菓子職人フランソワ・プロコープが、17

20年にホイップクリームを凍らせて作った「グラス・ア・ラ・シャンティ」や、卵を使った「フロマージュ・グラス」とされています。

文学と香り

『白鯨』ハーマン・メルヴィル

アメリカ文学の名作、『白鯨』は1851年に発表され、今では世界の10大小説のひとつともいわれています。舞台となるのは捕鯨船ピークォッド号、かつて白いマッコウクジラ「モビィ・ディック」に片足を食いちぎられた義足の船長エイハブが主人公のイシュメールら乗組員と共に、モビィ・ディックを探して復讐の航海を続けるストーリーです。

なんといってもこの作品は、実際に捕鯨船に乗っていた作者メルヴィルの体験を元に書かれている為、捕鯨に関するシーンは生々しく表現されています。その中でもピークォッド号の乗組員スタッブが海上で腐乱したマッコウクジラの死体からアンバーグリスを取り出すシーンは、猛烈な悪臭に入り混じるアンバーグリスの芳香が、読む人の嗅覚を惑わすかのように伝わってきます。

恐ろしい悪臭が激化してきたときにいちじるしかったが、そのときこの汚穢の真只中から、かすかな芳香の流れが忍ぶようにささやきかけ、それは悪臭の渦巻に呑みこまれることなく、まるで、ある河がもう一つの河に流れこみはするが、しばらくは少しも融け合うことなく併行して流れるように、ただよってきた。[8]

（『白鯨　下』メルヴィル、阿部知二訳、岩波文庫）

メルヴィルは、この作品の中で、マッコウクジラの体内から取りだされたアンバーグリスを「何かむっちりした香料入り石鹸というか、豊かに味ののった色まだらのチーズというか、とにかくひどく匂のいい味わいのよさそうなもの」と表現しています。この章で紹介した2013年にイギリスの海岸で発見されたアンバーグリスの大きさと形はラグビーボールに似ており、表面は灰をまぶしたまさに「色まだらのチーズ」のようでした。ただし、アンバーグリスは、状態によっても形、色や香りは変化します。昭和初期、海洋漁業協会の桑田透一によると捕鯨されて直ぐにマッコウクジラの体内から取りだされたアンバーグリスは、「とても臭い松やにのような形をしていますし、色はたいてい黒」[9]だったそうです。

第5章

香りの女王は永遠に

——紅茶香るバラとナポレオン皇妃の物語

5-1　ナポレオン・ボナパルト（1769～1821年）

かつて世界中の珍しい花や植物を採取していたイギリス東インド会社のプラントハンターたち。19世紀初頭、彼らが探し求めていた花、それは東洋に咲く紅茶の香りのするバラでした。しかも、それを切望したのは、イギリスと戦争中だったフランスのナポレオン皇妃だったのです。

バラを愛したナポレオン皇妃

今から200年以上も前となる1789年に起きたフランス革命、その後、皇帝となったナポレオン1世の最初の妻ジョゼフィーヌ皇妃は、歴史上で1、2を争うほどのバラの愛好家として知られ、今ではバラのパトロンとも呼ばれています。

5-2 ジョゼフィーヌ・ド・ボアルネ(1763〜1814年)

そのジョゼフィーヌが、フランスとの戦争中だったイギリスから、ナポレオンの発令した大陸封鎖令を破ってでも、苗木を手に入れたかった東洋のバラがありました。その名は「ロサ・オドラータ」。今から、200年ほど前、中国の広東《カントン》で発見されヨーロッパに紹介されたバラです。このバラを巡っては、諸説ありますが、今となっては、当時のバラと同じ種を特定することは難しく、現存しないともいわれています。その香りは上質な紅茶に似ており、それも新鮮な茶葉をつぶした時の香りだったといいます。

　この時代、ヨーロッパでは貴族など富裕者層の中に世界中の珍しい花や植物を集めて栽培するマニアが存在していました。彼らは、巨額の資金を使って、プラントハンターと呼ばれる植物採取のプロを世界各地に派遣したり、東インド会社などのネットワークを通して貴重な植物を入手していました。その中でもヨーロッパから遠く離れた東洋のバラは、マニアたちにとって垂涎の的だったのです。

　ここで紹介するのは、現代のバラの香りにも大きく影響を与えることになったジョゼフィーヌと「ロサ・オドラータ」の物語です。

ナポレオンが生涯でもっとも愛した女性

　ジョゼフィーヌ・ド・ボアルネは、ナポレオンが生涯を通してもっとも愛した女性とされています。彼女は、1763年フランス領西インド諸島マルティニーク島の貴族の家に生まれます。彼女には離婚歴がありましたが、ナポレオンから熱烈なプロポーズを受けて33歳（1796年）の時に再婚します。ナポレオンは、結婚後も彼女に夢中で遠征先からも毎日のようにラブレターを書くほどでした。しかし皇帝となって後継ぎを望むナポレオンの愛人に男児が生まれ、ジョゼフィーヌとの間には子供はいなかったことから、14年に及んだ結婚生活は、1809年12月に終止符が打たれます。彼女は離婚当初、ナポレオンと別れた悲しみに明け暮れていましたが、パリ郊外に購入していたマルメゾン城を終の棲家とし、その庭に白鳥がくつろげるほどの小川や南国の珍しい花や植物を育てる温室を作ります。
それによってジョゼフィーヌは、悲しみから立ち直りますが、何より彼女が情熱を燃やしたのは、ヨーロッパだけでなく東洋など世界中のバラを集めたバラ園作りでした。その為には多額の資金が必要でしたが、離婚後、彼女の一番の理解者となったナポレオンから特別な資金援助を受けることにより、着々とバラの種類を増やしていきます。そんなジョゼフィーヌがどうしても手に入れたかったバラこそ、遥か遠い中国に咲く紅茶の香りを持つとされる「ロサ・オドラータ」だったのです。

ワンポイント解説

ナポレオンからの資金援助は、いくらだったのか?

ナポレオンは、ジョゼフィーヌとの結婚当初から、遠征先などで書いた手紙を数多く彼女に送っています。大半はジョゼフィーヌへの愛のメッセージでしたが、1810年、ジョゼフィーヌとの離婚の直前、もしくは直後に書いた手紙の中で、マルメゾン城の植物への資金援助のことが書かれています。

「今日は財務官のエステーヴと一緒に仕事をしている。私は1810年度のマルメゾンの臨時出費として10万フランを認可した。だから君は君が望むだけの植物を植えることができる。君はこのお金を、好きなように使うだろうね」[1]

（『ナポレオン愛の書簡集』草場安子、大修館書店）

ちなみに19世紀前半、フランスでは下級の役人年収が1200フラン[2]だったことを考えると、彼女個人のバラや植物の為に1年で10万フランの予算を組んだことには驚かされます。

5-3　マルメゾン城

大陸封鎖令さえも解かせたロサ・オドラータの香り

「ロサ・オドラータ」は、1808年にイギリス東インド会社の代理人で、広東に駐在して茶の検査官をしていたジョン・リーブスによって発見されます。リーブスは広東近くにあった種苗園で「ロサ・オドラータ」の苗を入手して、イギリス在住の政治家でバラのコレクターだったエイブラハム・ヒューム卿へと送ります。ただし当時の船には、1830年以降に登場する「ウォードの箱」と呼ばれた植物の輸送専用の温室はなく、長い航海の途中、苗木が枯れてしまう事もありました。

しかしヒューム卿は、1809年、「ロサ・オドラータ」を生きた状態でイギリスまで取り寄せることに成功します。この話は、すぐにパリのジョゼフィーヌの耳にも入りました。「マルメゾン城のバラ園にも紅茶の香るバラを咲かせてみたい」。彼女は、「ロサ・オドラータ」の苗木を手に入れることを切望しますが、それには大きな問題が立ち塞がりました。ナポレオンが1806年に発令した大陸封鎖令によって、ヨーロッパ諸国はイギリスとの貿易を禁止され、イギリスとその植民地の船は、フランスはもちろんのことヨーロッパ大陸の港に入ることすら出来なかったのです。

しかし、それでもジョゼフィーヌは諦めませんでした。元夫であるナポレオンに頼み込んで、「ロサ・オドラータ」の苗木を持っていたイギリスの栽培業者「リー&ケネディ商会」に特別許可を与え、苗木の為に大陸封鎖を解かせて、イギリスから船でフランスの港へ届けさせたのです。

ついにジョゼフィーヌの執念が実り「ロサ・オドラータ」の苗木がマルメゾン城へとやってきます。こうした貴重なバラは、冬場はパリの厳しい寒さをしのぐ為、鉢植えのまま温室の中で世話をして、春になって暖かくなるとバラ園に並べて楽しんでいたそうです。

ジョゼフィーヌのバラ園は永遠に

マルメゾン城は、ナポレオンも政権の座に就いた後、主に休養の場として利用していました。一方のジョゼフィーヌは、パリ1区(現在のルーブル美術館そば)にあったチュイルリー宮殿など、いくつかの城に住みますが、その中でもマルメゾン城を気に入り、大規模な改装と同時に庭園用に周囲の土地を買い足してこの城を自らの理想郷へと変えていきます。

そしてバラ園には、はじめはパリで手に入るバラが植えられましたが、彼女は、あらゆる手段を使って世界中のバラを集めていきます。その数はやがて300種類[3]にもなったといわれています。その後、ジョゼフィーヌは、マルメゾン城のバラ園を舞台にバラの栽培に革命をもたらすことになります。当時、バラの新種誕生は、自然交配などに限られていましたが、園芸家のアンドレ・デュポンの世界初となるバラの人工交配をバックアップしたのです。これにより、バラの品種は飛躍的に増えて、やがては新しい香りをもつバラの誕生へと繋がっていきます。

そしてもうひとつ、彼女がバラの歴史に残した功績は、ベルギー出身の植物画家ピエール＝ジョセフ・ルドゥーテにマルメゾンのバラを描く許可を与えたことです。ルドゥーテの描いたマルメゾンのバラたちは、後に『バラ図譜』として発刊されます。そこに描かれたバラは、今では見ることの出来ない貴重な品種も多く、その全てが細密に描写されています。

5-4 ルドゥーテが描いた「ロサ・オドラータ」
画像提供：コノサーズ・コレクション東京

しかし、ジョゼフィーヌは、図譜の完成を見ることはなく1814年に50歳で永遠の眠りにつきました。彼女が亡くなった3年後の1817年から1824年にかけて『バラ図譜』は初版本が発売され、200年経った今でも世界中の書店で手にすることが出来ます。「ロサ・オドラータ」も「ロサ・インディカ・フラグランス」の名で掲載されており、淡いピンクの花びらを持つ可憐な姿が描かれています。その絵からは、今となっては幻といえる「ロサ・オドラータ」の新鮮な紅茶葉の香りが漂ってくるようです。

この物語の中には、バラの香りの歴史を知る上で重要なキーワードがいくつかありますので、ここからは、詳しく解説していきます。

当時のヨーロッパが中国のバラを求めた理由

18世紀末から19世紀初めにかけて、ヨーロッパにイギリスを窓口として、中国から4種類のバラが紹介されます。これらは、「フォー・スタッド・ローズ・オブ・チャイナ」と呼ばれ、それまでのヨーロッパのバラにない2つの特徴がありました。ひとつは、季節ごとに花を咲かせる四季咲きでした。これにより、ヨーロッパでバラの花は1年を通して楽しめるようになったのです。そして、もうひとつは、「ロサ・オドラータ」に代表される紅茶の香りでした。紅茶の香りを持つバラは、やがてティーローズと呼ばれるようになります。その香りは、ヨーロッパの人々に古くから愛されてきた花の蜜を感じるような甘いダマスク系の香りと異なり大きな魅力に感じられたのです。

ワンポイント解説　**「フォー・スタッド・ローズ・オブ・チャイナ」**

中国からヨーロッパに来た4種類のバラたち[4]

・四季咲き性2種

　1789年、「パーソンズ・ピンク・チャイナ」

　1792年、「スレイターズ・クリムソン・チャイナ」

・紅茶の香り2種

　1809年、「ヒュームズ・ブラッシュ・ティーセンティド・チャイナ」

「ロサ・オドラータ」は、今では「ヒュームズ・ブラッシュ・ティーセンティド・チャイナ」の名で呼ばれています。

　1824年、「パークス・イエロー・ティーセンティド・チャイナ」

ロンドンの園芸協会から中国にプラントハンターとして派遣されたイギリス人庭師のジョン・ダンパー・パークスがこの年、「ロサ・オドラータ」と同じ、中国広東のファ・テ種苗園から苗を購入して東インド会社の船でイギリスに送ったとされています。[5] 黄色い花びらの為、名前にイエローが入っています。

紅茶の香りについて筆者は、イギリスと日本の香り文化の違いを感じたことがあります。それは筆者が、ＮＨＫ国際放送の番組の中で日本の香り文化を解説した時のことです。

この番組のキャスターでイギリス出身のピーター・バラカンさんから日本人の好きな香りについて質問があり、筆者は、「線香、新しい畳、そして緑茶」の3つの香りを紹介しました。その時、バラカンさんから「日本人が緑茶の香りなら、イギリスでは紅茶の香りですね」とお聞きしたことが、とても印象に残りました。

紅茶の香りは、ティータイムのリラックスした時に楽しんでいたこともイギリスやフランスでティーローズが人気となった理由と考えられます。

一方、ティーローズの故郷となる中国では、古くから一般の人々にもバラの園芸が広がり、バラは日常生活に浸透していました。17世紀の中国、文人だった文震亨《ぶんしんこう》が、明時代の生活について書いた本、『長物志《ちょうぶつし》』には、当時の人々が家の前に藤棚のような竹垣を作り、つるバラを巻きつけて、その下に長椅子をおき、5色のバラの花を眺めながら香りを楽しんでいたと紹介されています。また、バラの季節になると男女の座る姿をよく目にすると書かれていることから、当時のデートスポットだったこともうかがえます。

こうした中国の街中で咲いていた品種は、やがてヨーロッパに紹介され、バラの品種改良の歴史を変えていくことになります。

5-5　「ラ・フランス」
写真提供：京成バラ園

東洋と西洋の香りを併せ持つ夢のバラが誕生

ジョセフィーヌがマルメゾン城のバラ園に世界中のバラを集め、デュポンが世界初のバラの人工交配を行ってから時は流れ、半世紀ほど経った1867年、フランス・リヨンの育種家、ジャン゠バプテスト・ギヨーは歴史に残るバラを誕生させます。

「ラ・フランス」と名づけられたこのバラは、育種技術の進歩したことで西洋と中国のバラの長所を受け継いでおり、中国のティーローズにヨーロッパのダマスクローズの甘い香りがブレンドされ、それまでにない洗練された香りを持っていました。ちなみに「ラ・フランス」は、今も世界中、そして日本全国のバラ園にも植えられており、ネットショップなどで苗木を購入することも出来ます。

読者の皆さんも機会があれば「ラ・フランス」の香りを体験して頂くとよいでしょう。

ワンポイント解説

オールドローズとモダンローズ

「ラ・フランス」は画期的なバラとして、ハイブリッド・ティーローズという新しい品種に位置付けられ、その第1号となります。バラの専門家の中でも見解は分かれますが、1867年の「ラ・フランス」以前のバラを総称してオールドローズ、「ラ・フランス」以降のバラをモダンローズと呼んでいます。

香りの女王、バラの歴史

バラが地球上に初めて咲いたのは、今から5000万年から3500万年前のヒマラヤ山系といわれています。

その後バラは、中近東や中国から北アフリカ、ヨーロッパなど北半球に広がっていきます。人類の歴史にバラという言葉が初めて登場するのは、紀元前1800年頃に編纂された古代メソポタミアの『ギルガメシュ叙事詩』です。紀元前2600年ごろ実在したとされるギルガメシュ王を巡るこの物語には、「薔薇のような棘をもった……」と表現している箇所があります。また、ギリシア神話では、愛と美の女神アフロディーテ(ヴィーナス)が海から誕生したとき、バラは作り出されたとされています。そのギリシアでは、実際に描かれたバラとしては最古(紀元前16世紀ごろ)となる壁画がエーゲ海のクレタ島にあるクノッソス宮殿遺跡に残されています。まさにバラは、私たち人類の歴史が始まって以来、もっとも愛されてきた花といえますが、その理由は美しい花びらと香りにありました。

5-6　コアガラス香油瓶（東地中海沿岸，紀元前 2〜1 世紀）高さ 11.5 cm　所蔵　磐田市香りの博物館

バラの香りは「恋の吐息」

バラの香りほど、人類に愛されてきた香りはありません。古代ギリシアの女性詩人サッポー（紀元前7世紀末〜紀元前6世紀初）は、バラを「花々の女王」と名づけて、その香りを「恋の吐息」と詠っています。

今では「香りの女王」とも称されるバラの香りは、歴史上の人物たちを魅了してきました。その中でも歴史上の3大美女として名高い古代エジプトの女王クレオパトラは、バラのお風呂に入り、膝が埋まるほどバラの花びらを寝室に敷き詰め、体にはバラの香油を塗ってシーザーやアントニウスら古代ローマ帝国の英雄たちを魅了したと伝えられています。

この時代、一方のローマ帝国でもバラの香りは大流行していました。特に暴君と呼ばれた第5代皇帝ネロは、歴史上でもっともバラの香りを贅沢に使った人物と考えられています。ネロは晩餐会の広間をバラで埋め尽くし、天井からはバラの花びらやバラ水の香りを雨のように降らせたと伝えられています。

ワンポイント解説

ローマ時代のバラ香油

古代ローマでは、帝政期になって、それまで法令で禁止されていた香料入りの油、つまり香油が認められるようになりました。当時は、主にオリーブオイルやアーモンドオイルの中にバラなどの芳香植物を浸して、油に香りを吸収させていましたが、香油は、やがてローマ帝国各地の貴族から庶民にまで男女を問わず人気を博していきます。特にローマの街には香油の店が立ち並ぶ香油ストリートまであったそうです。ちなみにバラの香油は、バラの栽培がローマ帝国と植民地で広範囲に行われていたこともあり、手頃な値段だったことも人気の理由でした。

十字軍の遠征からヴェルサイユ宮殿まで

繁栄を極めたローマ帝国は、やがて東西に分裂し衰退していきます。それと並行してヨーロッパには、ローマの権力者から迫害されてきたキリスト教が広がり、バラはローマの貴族たちを堕落させた花として敬遠されるようになります。ただし、ヨーロッパの一部の修道院で薬用としてのバラ栽培が細々と続けられます。

そして、ヨーロッパに再びバラが広がるきっかけとなったのは11世紀末から13世紀にかけて行われた十字軍の遠征でした。十字軍の兵士たちは、遠征先のイスラム教徒たちが使っていたバラ水やバラ精油などの香りに魅了され、その原料として栽培されていたバラの品種（ロサ・ダマスケナ）と香りの蒸留技術をヨーロッパへと持ち帰ったのです。

その後、ルネサンス期のヨーロッパでは、南フランスを中心に香料用のバラ栽培が行われるようになります。さらにバラ水やバラの精油といった香りも貴族たちの生活には欠かせないものになっていきます。その中でもフランスのルイ14世は、自ら建設した広大なヴェルサイユ宮殿全体に毎日バラ水を振りまいたほどでした。そしてルイ15世の愛人だったポンパドゥール夫人、ルイ16世の妃だったマリー・アントワネットもバラの花とバラの香りをこよなく愛したとされ、生涯を通して莫大なお金が使われたことでも知られています。

ジョゼフィーヌ没後、わずか15年で4000種類に

バラの原種は世界中で250種類あるとされています。既にこの章で紹介しましたが、その多くは、18世紀末から19世紀初頭、イギリス東インド会社などのプラントハンターに採取されヨーロッパに渡り、やがてジョゼフィーヌによってマルメゾン城のバラ園にも集められ

ます。そこでデュポンの人工交配が成功した後、その技術はヨーロッパに広がっていきます。ジョゼフィーヌが亡くなってわずか15年後の1829年には、すでに4000種を超えていたそうです。こうした流れは、1867年にギヨーが育種した「ラ・フランス」など新しい香りを持つバラの誕生へと繋がっていきます。

そして現在から未来へ　宇宙でのバラの香り

現在では、バラの品種は2万5000種[6]に増え、新しい香りを持つバラの育種も盛んに行われています。さらにバラの香りの研究も進み、香りの99・9%まで解明されて540もの成分[7]が明らかになっています。ただし残り0・1%の中に含まれている数百もの微少な香り成分を全て明らかにするのは困難とされています。

しかし、この難題をクリアする可能性が過去に示されたことがあります。それは、1998年10月末、宇宙空間で行われたバラの香りの実験です。この実験はスペースシャトル、ディスカバリー号の船内に地球から「オーバーナイトセンセーション」という種類のバラを持ち込み、重力の少ない宇宙で開花させて、地球のバラと香り成分の違いを調べるというものでした。その結果、「宇宙バラ」の香りは、地球で咲いたバラより繊細に感じられ、香り成分も異なっていることが分かりました。この実験は、NASAのジョン・H・グレン宇宙飛行士と日本人宇宙飛行士の向井千秋さんが担当しています。もしかするとバラに残された0・1%の未知の香り成分は、いつの日か宇宙空間で解明されるかもしれません。

ワンポイント解説

バラ水とバラ精油

蒸留器の発明

イスラムの世界では、バラは神聖なものとされ、宗教行事で浄めなどの目的で使われるだけでなく、古くから薬や食品香料としても使われてきました。ペルシア(現在のイラン)の医学者で科学者、哲学者でもあったイブン・シーナ(980~1037年)は、11世紀初めにバラの香りを抽出する蒸留器を発明して、薬として使うバラ水とバラ精油を作ることに成功します。さらにイブン・シーナは、それらを患者の傷に塗ったところ治りが早いことを発見し、後に自らがまとめる医学書『医学典範(アル・カーヌーン)』の中にその薬効を記しています。

十字軍は、バラと共にこの香りを抽出する技術(蒸留器)をヨーロッパに持ち帰りました。その為、ヨーロッパでも13世紀以降、最初はバラ水とバラの精油は薬用として広がっていきます。またペルシアでは、この頃からシルクロードを通じて遠く中国までバラ水を輸出するようになっており、バラの香りは商材としてユーラシア大陸全体で取引されるようになっていきます。

貴重なバラ精油

バラの精油は、日本でも人気があり、デパートやネットショップでも販売されていますが、他の精油(柑橘や植物)に比べて、値段は数倍以上します。これはバラの花に含まれている精油成分が、ごく少量である為、バラの精油を作るのに膨大な花が必要となるからです。ちなみにバラの花が、直径8センチメートル、高さ5センチメートルとして、わずか10ccのバラ精油を作るのに1万4000個[8]ものバラの花が必要となります。これは、宅配便などで使われている

5-7　薔薇撒水瓶
(ペルシア，18世紀)高さ16 cm
所蔵　磐田市香りの博物館

5-8　銅製の蒸留器
写真提供：大分香りの博物館

2トントラックの荷台が満杯になる量です。
原料として主に使用されるダマスクローズは、ブルガリア、モロッコ、イランなど世界各地で栽培されています。その中でもブルガリアの中央に位置する「ローズの谷」と呼ばれる地域は、幅5キロ、長さ50～60キロ[9]もあり、そこで生産される上質なバラの香りは世界的にも高く評価されています。

バラの香りの効果

バラ水やバラ精油は中東やヨーロッパでも人気があります。主な用途は、保湿効果を期待してスキンケアに使われているそうです。なお、最近の研究ではバラの香りには鎮静作用があるとされ、高いリラックス効果や入眠時に嗅ぐと記憶力アップに繋がるといわれています。ただし、陸上の短距離走など一瞬の集中力と瞬発力が必要なスポーツでは、逆効果に働いてしまうこともあるそうです。

バラの香りの種類

バラの香りは、２００年ほど前までは西洋の甘いダマスク系の香りと東洋の紅茶の香りの2

種類に分かれましたが、今や人工交配によって様々な香りを持つ品種が生み出されています。香りのばら園がある新潟県長岡市の国営越後丘陵公園では、その6種類の香りに分類されています。[10]

① ダマスク-クラシックの香り　(オーソドックスな甘く華やかな香り)
② ダマスク-モダンの香り　(ダマスク-クラシックを更に洗練させた香り)
③ ティーの香り　(紅茶の香り)現在の品種では、もっとも多い香り
④ フルーティーの香り　(ピーチやアップルなどの新鮮なフルーツの香り)
⑤ ブルーの香り　(青みがかった色のバラが持つ香り)
⑥ スパイシーの香り　(丁子のようなスパイシーさを感じる香り)

もっと知りたい

バラの香り

バラの香りは、古くから中東やヨーロッパで料理やスイーツ、ワインやジュースなどドリ

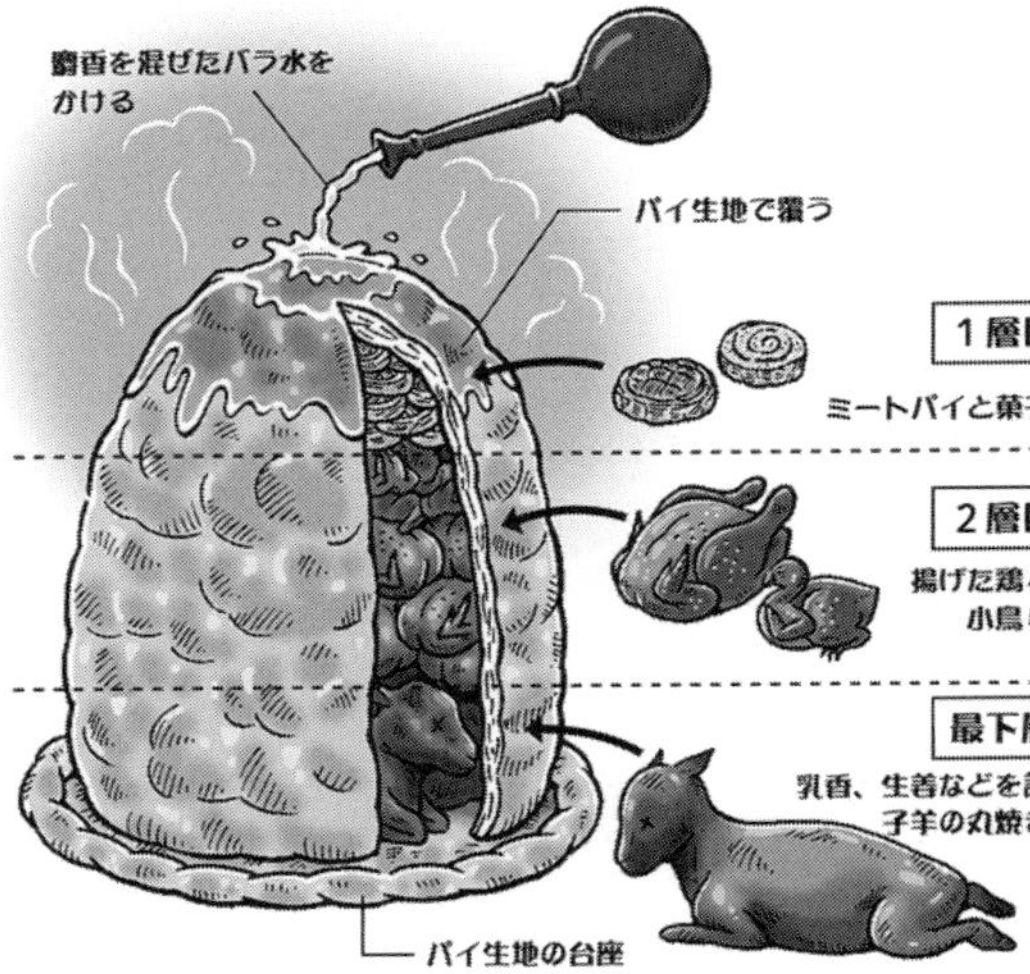

5–9 バラ水風味の巨大なパイ

ンクの香料としても重宝されてきました。今でも中東を旅するとバラ風味のお菓子を目にしますが、ここで歴史に残されたバラの香りを使った料理と飲み物を3つ紹介します。

バラ香る巨大なパイ

14世紀から16世紀初頭にかけて、中央アジアからイランにかけての地域を支配したティムール朝の第5代君主だったアブドゥッラティーフの時代に作られたという巨大なパイ（高さ1・5メートル、直径1メートル以上はあったと考えられる）には、バラ水がたっぷりと使われていました。さらに、3層からなる中身は驚くべきものでした。

- 最下層、直径1メートル以上のパイ生地の上に乳香、生姜、シナモン、ナツメグなどを詰めた子羊の丸焼き3頭を置く。その上には麝香を混ぜたバラ水がかけられる。
- 2番目の層には、卵などを詰めた鶏40羽、小鳥50羽の揚げたものを置く。
- 1番上には、小さなミートパイと菓子パイを山になるまで積み重ねる。その上から、麝香と沈香の樹脂を混ぜたバラ水を振りかける。

全体を生地で覆って釜で焼いた後、仕上げに再び麝香を混ぜたバラ水をかけて完成。[11]

それにしてもこの巨大なパイ、何人くらいでどうやって食べたのか想像するだけで楽しくなります。

古代ローマ帝国のバラ香るワイン

1世紀頃、古代ローマの富豪で美食家だったとされるアピーキウス。彼の料理レシピを中心にまとめたヨーロッパで現存するもっとも古いとされる料理本『アピーキウス』には、バラの香るワインの作り方が紹介されています。このワインは、寝そべって料理を食べていた宴会などの食文化でも知られる古代ローマ帝国で実際に飲まれていたようです。

バラ香るワインの作り方

① 花びらの白い部分を取り除いたバラを多く用意する。それらに糸を通して輪にしてつなぎ、出来るだけ多くの花びらをワインの中に浸けて、7日間おいておく。

② 7日後にワインの中からバラの輪を取り出し、新鮮なバラで同じように輪を作りワインに入れて、再び7日間ねかせた後に取り出す。これをもう一度(計三度)繰り返し、最後にワインを濾して、これに蜂蜜を入れて飲む。

ただし、この本では、注意点として湿り気のない最上質のバラを使う必要がある、としています。バラの香りは、水溶性の成分が中心の為、ワインなどの飲料には香りが移りやすく、このワインはかなりバラの香りを感じることが出来たでしょう。

アラビアで人気のあったバラのジュースとは?

最後は、14世紀のイスラムの旅行家イブン＝バットゥータの『旅行記』に記されたジュースです。彼は、東南アジアのタワーリスィーという国（現在のフィリピンとの説がある）を船で訪れた際、この国の女王から航海用の贈り物として、衣類や米、生姜やマンゴーなどの果物といっしょに、ジュッラーブという、バラ水を使ったジュース4リットルを受け取っています。ジュッラーブは、ペルシア語ではグル・アーブ、アラビア語ではマーゥ・アルワルドと呼ばれるドリンクのことで、バラ水に砂糖、ハッカ、干し葡萄などを混ぜたジュースです。[12] ジュッラーブは、今もアラブ圏では人気のある飲み物ですが、きっと700年前の旅人たちの疲れも癒したことでしょう。

文学と香り

『ドリアン・グレイの画像』オスカー・ワイルド

オスカー・ワイルドの長編小説『ドリアン・グレイの画像』は、美しい青年ドリアン・グレイと自身の内面を映すかのように醜く変化していく肖像画をテーマにした悲劇です。この小説には、香りに関する表現や内容がいくつか登場します。その中から冒頭にあるバラと庭の香りについて表現された一文を紹介します。

アトリエのなかには薔薇の強烈な香がいっぱいに溢れていた。夏の微風《そよかぜ》が庭園の木立ちのあいだを吹き抜けると、開け放たれた扉から、ライラックのむせるような匂いや、桃色の花をつけたさんざしのいちだんと繊細な香が漂って来る。[13]

（『ドリアン・グレイの画像』ワイルド、富士川義之訳、講談社）

ライラックは、フランスではリラと呼ばれる落葉樹で、春5月頃には白から淡い紫色の花を咲かせます。そしてサンザシは、欧米では春の花木として親しまれており、白い花と華やかな香りがあります。

読者の皆さんはバラの香りについて、何か印象に残っている思い出はありますか？

筆者は、ワイルドがこの作品の中で、「薔薇の強烈な香がいっぱいに溢れていた」と表現しているのと同じほどのバラの香りが毎年5月になると記憶に蘇ることがあります。それは、筆者がかつて勤めていた洋館のバラ園の香りです。この館は、東京の閑静な住宅街の坂道に面しており、体育館ほどもある白亜の建物には、暖炉の煙突が2本突き出たグレーの大きな屋根がありました。正門には、高さ2メートル、幅10メートルほどの観音開きの大木戸があり普段は固く閉ざされていますが、ゲストを迎える時にだけ開かれました。

大木戸が開けられると正面にハイヤーが20台ほど止められる赤レンガ敷きのロータリーがあり、中央には赤いバラのアーチを施した噴水がありました。そして右側には大きな桜と銀杏の木、左側にはバラ園があり、そこにはダマスクやティーの香りを中心に色とりどりのバラが数百本も植えられていました。

毎年5月、満開となったバラの香りは、午前10時頃には、まるで空気がバラの香りに染まっていると感じるほど濃厚に漂い、風向きによっては、泉のように館から溢れて坂下の大通りまで見えない川となって流れていました。その大通りを道行く人の中には、バラの香りに惹かれて坂を上り、大木戸に閉されてバラ園の見えない館の前で足を止め、目を閉じてバラの香りだけを楽しんでいる姿が印象に残っています。

第6章

ペリーの香水と薩摩の樟脳

――幕末の横浜とパリ万博を繋ぐ香りの物語

6-1　ペリー横浜来航の図

出典：Narrative of The Expedition of an American Squadron to the China Seas and Japan

幕末の黒船来航、そして大政奉還の年に初めて日本が参加したパリ万博、そこには江戸幕府の運命に秘められた香りが漂っていました。この章では、幕末の横浜とパリを繋ぐ香りの物語を中心に江戸時代にヨーロッパの市場を席巻した薩摩の樟脳を紹介します。

黒船の香水は、開国の香り

1854年3月13日（嘉永7年2月15日）、江戸湾。巨大な帆のある黒い蒸気船が積み荷の陸揚げに追われていました。「その箱には、香水が入っている、割れると大変だ」「水兵たちには注意して運ばせろ」

船のデッキでは、身長2メートル近い初老の大男が士官たちにそんな指示をしていたことでしょう。

6-2 マシュー・カルブレイス・ペリー（1794～1858年）
写真提供：histopics/ullstein bild/時事通信フォト

「熊おやじ」と水兵たちから呼ばれていたこの大男の名前はマシュー・ペリー。そう彼こそ、アメリカ海軍東インド艦隊を率いるあのペリー司令長官です。

ペリーは、初めての訪日となる前年1853年

6-3　ポーハタン号．当時の蒸気船は帆も利用していた　写真提供：横浜開港資料館

7月(嘉永6年6月)、日本に対して開国を求めるアメリカ大統領フィルモアの国書を届けており、2回目となる1854年は、その回答を求める重要な交渉を控えていました。

この時、来航したのはペリーの乗船していたポーハタン号をあわせて9隻の艦隊、乗組員はトータル2000名を超えるほどの規模でした。そして、このペリーの艦隊には、アメリカから日本への贈り物も積み込んでおり、香水もその中に含まれていたのです。

贈られた香水は、ペリー帰国後にまとめられたレポートによると次のように記録されています。

日本との交渉前となる1854年3月14日(嘉永7年2月16日)に、
香水1箱2セット　将軍へ
香水1箱(分配用)　江戸幕府の幕臣へ
を陸揚げして、幕府の役人に引き渡した。

それはどんな香水だったのか、筆者の調査した範囲では、日本に香水瓶が現存している可能性は低く、当時の記録すら見つかっていません。ただし、その手掛かりとなるのは、他の贈り物がアメリカ製品を中心に選ばれていたことです。

6-4 アメリカからの贈り物を陸揚げする様子
出典：Narrative of The Expedition of an American Squadron to the China Seas and Japan

ではその頃、アメリカに香水メーカーは存在していたのでしょうか？　筆者の知る限り、1850年にニューヨークで設立されたルントボルクという香水メーカーがありました。しかしルントボルク社は、ペリーがアメリカを出航する1852年11月は、創業3年に満たないベンチャー企業でした。同社初のヒット香水となる「バイオレッテ・フロラ」が1860年に発売されるまでには、10年の歳月を要しています。その為、日本の将軍に贈る香水と考えると、格式の高い香水、つまりブルボン王朝から革命後もナポレオン皇室へと受け継がれてきたフランス製だったと筆者は推測しています。なお、この頃のフランスの香水は、バラなど花々の香りをベースにつくられていました。

ワンポイント解説 **ルントボルク社とは？**

1850年にスウェーデン人のジョン・マーリー・ルントボルクによってニューヨークに設立された香水会社。その後、会社は売却され、1873年には社名がヤング、ラッド&コフィンに変更されています。さらに1920年その会社も売却されますが、ルントボルク社のブランドを引き継ぐ香水は1940年代まで作られました。

6-5 ルントボルク社
(1890年代の香水広告)

この他、香水といっしょに陸揚げされた贈り物は、以下のものが含まれていました。

有線電信機、小型の蒸気機関車とデモ走行用の線路、ライフル銃などの武器類、嗜好品としてウィスキー、ワインなど、柱時計、海図、望遠鏡、化粧品、中国製陶器、農具、種子類、等々。

この中でも電信機や蒸気機関車、海図はアメリカの国力を知らしめて日本側との交渉を有利に進めるための戦略的アイテムでした。幕府の役人たちはアメリカ側の思惑通り、これらの品々に驚き、高い関心を示しています。

一方の江戸幕府は、10日後となる1854年3月24日(嘉永7年2月26日)にペリーと乗組員に対して力士の稽古相撲を披露しています。さらに日本から返礼の品として次のものが贈られました。

工芸品(漆塗り重箱、盆など多数)、織物(繭紬《けんちゅう》や絹布など)、和紙(大美濃紙など)、食品(米、鳥、醤油)、木炭、子犬など。

香りに関連した品としては、牛の形をした青銅の香炉が含まれていましたが、お香や香木など香料になるものは含まれていた記録はなく、この香炉はあくまで美術品として贈られたと考えられます。

こうした日米間のやり取りを経て、1854年3月31日(嘉永7年3月3日)、ついに日米和親条約(神奈川条約)が締結されます。この条約によって幕府は下田と箱館を開港して200年に及ぶ鎖国の時代が終わったのです。

ではペリーが、香水を贈り物に加えたのはなぜでしょうか? その理由は、アメリカの歴史と文化にあると筆者は推測します。当時のアメリカは1776年に建国されてわずか80年に満たない歴史の浅い国です。ペリーは渡航前に日本のことを徹底して調べており、軍事力や技術力で日本を圧倒出来ても、文化の面では歴史のある日本に劣ると考えたのかもしれません。そのことを意識していたとすれば、歴史と文化をあわせ持つフランス製の香水が贈られた可能性は高いといえます。

ワンポイント解説　日本の豪華おもてなし料理

ペリー2度目の来航後、日本側からペリー一行に鯛やサザエを使った豪華な和食と、デザートに和菓子やカステラなど100種類を超えるコース料理を用意してもてなしています。この時の総費用は、300人前で2000両(今の金額にして1億円以上、1人30万円以上)にも上ったそうです。

幕末、パリ万博の侍たち

パリ万博

黒船の香水は、侍たちにとって長い鎖国の時代が終わり、開国の幕明けとなる香りでした。

江戸幕府の侍たちが、欧米で香水ビジネスの発展を目の当たりにするのは、それから13年後、1867(慶応3)年のことです。

この年、フランスでは1855年に続き、二度目となるパリ万国博覧会(以下、パリ万博)

6-6 1867年のパリ，馬車の走るシャンゼリゼ通り（当時の3D写真）

が開催され、日本は国家として初めて万博に参加します。

1867年といえば日本では、坂本竜馬の暗殺、大政奉還など正に激動の年でしたが、遠く離れたパリはどんな様子だったのでしょうか？

この年、パリの街は、12年ぶりの万博開催で盛り上がっており、そこには鉄道が整備され、400室以上の客室を誇るホテル「パリ・ル・グランホテル」が開業して世界中から訪れるゲストを心待ちにしていました。そして、夢のような万博会場がそこにはあったのです。第2回パリ万博は、1867年4月1日(慶応3年2月27日)から同年11月3日(慶応3年10月8日)までを会期として開催されました。

会場となったセーヌ川沿いのシャン・ド・マルス(練兵場)には、甲子園球場2個分が入るほどの巨大な楕円形のパビリオンが建設され、その周囲には遊園地や売店、世界各国のフードやドリンクが楽しめるカフェも作られました。さらに驚くのは、淡水と海水に分かれたパノラマ水族館までであったことです。

そして総入場者は約１５００万人[2]と大盛況になります。参加国は、日本を含めてヨーロッパ諸国、アメリカ、エジプト、ペルシアなど42ヶ国に上りました。展示エリアは、主催国フランスが全体の2分の1ともっとも広く、そこにはワインや絹製品などフランスの名産品が

6–7　パビリオン内部の回遊廊下（展示会場を展望しながら一周できる）

6–8　天井まで水槽になっているパノラマ水族館

出典：L'Exposition universelle de 1867 illustrée

並び、その一角にはフランスが世界に誇る香水ブースも設けられたのです。

いざパリへ

1867年2月15日(慶応3年1月11日)、将軍徳川慶喜の名代で弱冠14歳の徳川昭武を中心に総勢33名の使節団が横浜港からパリへと旅立ちます。

この一員には、後に「財界の太陽」といわれた渋沢栄一、日本の郵便制度の礎を築く杉浦譲などの幕臣たちの他、歯科器材輸入の元祖となる商人の清水卯三郎(1829~1910年)など、そうそうたるメンバーが含まれていました。

一行は船と汽車を乗り継ぎ、1867年4月3日(慶応3年2月29日)、たどり着いたマルセイユで、出迎えたフランス外務省の職員たちから、驚愕の知らせを聞くことになります。そ

6-9　フランス展示エリアに作られた香水専用ブース
出典：L'Exposition universelle de 1867 illustrée

6–11　徳川昭武写真 慶応2. 3. 10＝1866. 4. 24 撮影
松戸市戸定歴史館所蔵

6–10　徳川慶喜肖像(禁裏御守衛総督時代)
松戸市戸定歴史館提供

6–12　「徳川民部大輔殿殿下と日本政府特別使節団」
松戸市戸定歴史館所蔵
昭武に随行したパリ万博使節団．後に財界の太陽と呼ばれた渋沢栄一(後列，左端)の姿も写っているれは幕府傘下で出展するはずだった薩摩藩が、薩摩琉球国の名で独立国として万博参加を進めているというのです。

その後、パリ入りしてから薩摩藩との話し合いも行われますが、しかし、時すでに遅し、幕府と薩摩は日本のエリアを分けて展示することが決定します。そうしたゴタゴタから3週間が過ぎたころ、幕府一行は国賓としてパリのチュイルリー宮殿に招かれてナポレオン3世と皇妃ウジェニユ…

6-13　ナポレオン3世
(1808～1873年)

ーの謁見式に臨みます。その後もフランス政府の要人から招待を受け、オペラやパーティーなど宮廷外交を体験しました。

そして万博会場を視察した際、フランスの香水ブースでは、ナポレオン3世が香水を皇室や貴族の文化に留めず、市場を世界に広げようとしていることを目の当たりにしたのです。

そこには1720年創業のオリザ・ルイ・ルグラン社をはじめ1774年創業のピヴェール社、そして今も世界のトップブランドのひとつであるゲラン社など、フランス皇室でも使われていたメーカーの香水が華々しく展示されました。かつてフランスの香水といえば、皇室や貴族など富裕者層向けのオーダーメイドが中心でした。

しかし1860年代以降、香料業界を中心に手作業から機械による産業化が進み、量産体制も可能になる中でのパリ万博は、世界にマーケットを広げる絶好の機会となったのです。

筆者は、徳川昭武はじめ幕府の使節団は、パリでの宮廷外交を通して、日本との香り文化の違いを体験しながら、欧米での香水ビジネスの発展を万博によって知ったのではないかと考えています。

江戸幕府、運命の香り

一方、江戸幕府の展示は、当時の記録からみると漆器、陶器などの伝統工芸品を中心に金額にして4万7190両[3]にも上りました。

この中に香りに関する品は含まれていなかったようですが、幕府使節団の中でも渋沢栄一は、すべての品の展示が出来ないことを嘆いたそうです。そして11月には、華やかだったパリ万博も終わり、徳川昭武には、その後、数年間のフランス留学が予定されていました。その為、渋沢らとパリに残りますが、年明け1868年1月26日(明治元年1月2日)、日本から予想だにしなかった手紙が届きます。そこに書かれていたのは、大政奉還でした。この時すでに徳川慶喜は、政権を明治天皇に奏上し江戸幕府が終わっていたのです。予定されていた昭武の留学も中止となり、後に幻の将軍と呼ばれた徳川昭武は、失意の中、明治という時代を迎えた日本へと帰国していきます。

ペリーの香水は、侍たちにとって国際社会への幕開けとなる香りでした。それから13年の月日が流れ、初めて立ったパリ万博というステージ。そこで体験した香水は、江戸幕府にとって国際社会への幕を閉じる香りとなったのです。横浜から始まりパリで終わった幕府のステージ、そこにはフランスの香水が漂っていました。もしかすると、それは、かつてペリーから贈られた香りだったのかもしれません。

ワンポイント解説　**その後の徳川昭武**

徳川昭武は、明治に入ってもナポレオン3世と交流を続けていました。そして一度は、断念したフランス留学を1876(明治9)年ついに果たします。昭武が晩年を過ごした千葉県松戸市の戸定邸(現在は、戸定が丘歴史公園)に隣接して戸定歴史館が開設され、その中には、昭武が留学中に書いたフランス語の日記も残されています。

ヨーロッパを席巻した薩摩の樟脳

薩摩の樟脳。それは江戸時代、日本屈指の輸出商材として、すでにヨーロッパでも知られていましたが、パリ万博という晴れの舞台で産地自ら世界にアピール出来ることになったのです。しかし、そこに至るまでは薩摩藩には苦難の歴史がありました。ここからは一旦パリ万博を離れて、薩摩の樟脳に秘められたエピソードについて紹介します。

6-14 クスノキ

樟脳とは、クスノキの枝や皮、根から主には水蒸気による蒸留によって得られる白色半透明の結晶です。その香りはすっきりとした清涼感があり、日本では古くから防臭や防虫剤として使われてきました。皆さんもタンスにしまってあった洋服を取り出した時に嗅い

6–15 天然樟脳の結晶

だことがあるのではないでしょうか。

樟脳は、第2章でも紹介したボルネオ島などで産出する貴重な天然竜脳の代用品として、12世紀の初めに中国で製造が始まったとされています。日本では、16世紀末ごろ大陸から製法が九州に伝わり、薩摩では領内にクスノキが多く自生していたことから樟脳の製造が始まっています。

そして、17世紀に入り海外へ輸出されるようになりますが、薩摩の樟脳は、オランダ商人にとても人気があり、1637(寛永14)年1月、長崎のオランダ商館長ニコラス・クーケバッケルは薩摩に日本人の使いを派遣して、すべての樟脳を買い入れたいと希望したほどでした。

しかし、この時代、樟脳製造には、多くのクスノキが必要となることから、薩摩の藩主は樟脳の製造中止と、違反した者は死罪という命令を出したこともありました。それから時代が進んでも薩摩樟脳の人気は変わらず、長崎出島の医師だったカール・ツンベルクの著書『ツンベルグ日本紀行』の中で、1701(元禄14)年には、日本からの樟脳輸出の大半が薩摩産であり、この頃、ヨーロッパで消費される樟脳は、ほとんど薩摩産であると紹介しています。

では、当時の薩摩では、どれくらいの量が輸出されていたのでしょうか？　１７９０年ごろの薩摩からの樟脳輸出量は年平均19トン近く[4]もありオランダを中心に中国にも輸出されていました。ただし、オランダではこの時代、薩摩産樟脳は粗い状態だったため、日本から船でアムステルダムに運んだ後、まじりものを除いて純白の精製樟脳としてヨーロッパを中心に世界各地へと再輸出していました。

ワンポイント解説

ヨーロッパで万能薬とされた樟脳

どのように使われていたのか

ヨーロッパでは、古くから樟脳は、香料と防虫剤、万能薬として重宝されていました。特に19世紀、フランスなどの薬局では、大量に樟脳が販売され、多くの家庭に常備されていました。その為、どの家に入っても樟脳の香りがしたそうです。つまり、その大半は薩摩の樟脳だった訳ですが、特にユニークな使い方は、樟脳入りのアルコールが健康と筋肉を増強すると信じられていたことから、運動不足の人は、朝晩、それを体に擦りつけ、家の中でストレッチや足踏みなど軽い運動をしていたそうです。

財政破綻寸前だった薩摩藩

かつての薩摩藩は、長年に渡り赤字体質で財政は大変厳しいものでした。1829～1830年頃(文政末ごろ)には、負債総額は500万両[5]もあり財政破綻の崖っぷちまで追い詰められます。

しかし、1830年代に入ってからの天保の改革によって、樟脳をはじめ砂糖などの品質改良や生産体制の見直し、藩による専売制の強化を図るなど収益性が徐々に改善されていきます。その中でも樟脳は1844(天保15)年に山元荘兵衛の考案したクスノキの人工実生法によって生産量、質とも大幅に向上していきます。さらに琉球を経由した海外との密貿易も伴って、藩のビジネスは軌道にのります。

こうした藩と生産者が一体となった努力に加えて製鉄や造船、紡績など次々と新しい事業に乗り出したこともあり、薩摩藩は幕府を脅かすほどの力を蓄えていったのです。そして迎えた1867年のパリ万博、江戸幕府と対等な立場で参加した薩摩の展示ブースでは、漆器や反物など薩摩の特産物と共に苦難の時代を乗り越えてきた樟脳の香りが漂ったのです。

そして今、薩摩の樟脳は？

江戸中期、薩摩藩だけで行われていた樟脳の製造は、やがて日向や長崎、18世紀半ばからは土佐でも盛んになります。その後、樟脳は明治に入り、海外でのセルロイド原料として需要が増え、日本では1903(明治36)年より1962(昭和37)年まで国が生産、販売を独占する専売制となった時期もありました。

しかし、セルロイドに代わるプラスチックが登場してからは、樟脳の需要は激減していきます。2018年時点、鹿児島県内の樟脳製造は屋久島でのみ行われており、かつて盛んだった本土内には樟脳山、樟脳木屋といった樟脳の作られていたことを思わせる地名が残るのみとなっています。

6–16　清水卯三郎の出店した芸者茶屋
出典：The illustrated london news 1867年11月16日

もっと知りたい　幕末の香り

パリ万博と江戸の香り

パリ万博には、江戸の下町の香りも漂っていました。それは商人として参加した清水卯三郎の出店した芸者茶屋、今にたとえるとメイドカフェでした。

この茶屋は、わら葺き屋根で全体は檜で作られており、室内は6畳の座敷と土間、そして裏手には日本の土産物の売店まで併設していました。気になるメニューは、次のようなものでした。

ドリンク　日本茶、みりん酒
フード　煮魚を混ぜたご飯（今風で考えると江戸のB級グルメ）

そして何といっても人気を集めたのは、日本の若き芸者「かね」「すみ」「さと」の3人でした。彼女たちは、単なる着物を着た素人ではなく、卯三郎が遥々パリまで連れてきた本物の芸者で、扇をゆったり仰いだり、キセルを燻らせたりする姿など、普段は江戸柳橋で見せている粋な立ち振る舞いを披露します。

会場では、ヨーロッパに初めて来た日本女性を一目見ようと、茶屋の前はいつも多くの人だかりが出来ました。この茶屋は、地元の新聞で「博覧会中でもっとも珍しい物」と紹介されるほど評判を呼び、ナポレオン3世から銀メダルの表彰も受けています。

6-17　清水卯三郎がパリ万博で使った名刺．角を折ると卯三郎の顔写真が入っている斬新なデザイン
出典：『焔の人・しみづうさぶらうの生涯』（長井五郎，さきたま出版会，1984）

そして、ここにも日本の香りが2つありました。

ひとつは清水卯三郎が日本から持ち込んだ香嚢です。これは卯三郎が幕府に提出した出品目録に入っていたもので、町人の女性に人気のあった小さな匂い袋でした。江戸時代には浮世袋や花袋とも呼ばれ、白檀や丁子などの香原料をブレンドして袋の中に入れ、着物に

6-18 匂い袋
写真提供：PIXTA

入れたり腰に下げたりするなどして使っていました。おそらく茶屋の売店で日本の土産として売られていたと考えられます。

そしてもうひとつは、「かね」「すみ」「さと」の使っていた化粧水です。この3人は何といっても、プロの芸者さんですから当然、江戸から一揃え化粧品を持参していました。筆者はその中には当時、江戸で人気のあった「花の露」という化粧水が含まれていたと考えています。

それは、江戸初期に香油として売られていたものが、いつの時代からか化粧水に変わり、その後、町人から大奥の女性たちまで、長きに渡って愛された江戸の人気コスメでした。この「花の露」は、江戸幕府第13代将軍徳川家定の御台所だった天璋院篤姫も化粧の際、お付きの女中が江戸の町で調達して使っていたそうです。

その効果は、1813(文化10)年に出版された美容の本『都風俗化粧伝《みやこふうぞくけわいでん》』によると、肌の光沢《つや》を出し、香りをよくし、きめを細かにし、顔の腫物《できもの》も癒やすとあります。

では、「花の露」はどんな香りだったのでしょうか？

同じく『都風俗化粧伝』に記された製法は、茨の花(バラ科の花)の蒸留水を少量、それに白檀、竜脳、丁子をミックスした蒸留水をブレンドするとあります。筆者も茨の花の代わりにバラ水、天然竜脳の代わりに合成竜脳を使ってこの香りを再現したことがあります。それはたとえると着物に合いそうな粋な和の香りでした。

この他、江戸時代の化粧水としては、作家で薬屋でもあった式亭三馬が発売して大ヒットした「江戸の水」やヘチマの水分から作る「ヘチマ水」などが有名でしたが、香りは「花の露」が評判だったようです。

6-19 「江戸名所百人美女」「芝神明前」1858(安政5)年　足元の木箱には「花の露」と商品名が描かれている
所蔵：東京都立中央図書館特別文庫室

江戸のコスメ「花の露」はホームメイドが中心だった

「花の露」の原料となる蒸留水は、蘭引《らんびき》という陶器製の蒸留器を使って作られていました。古くは、平賀源内の著書『物類品隲《ぶつるいひんしつ》』１７６３(宝暦13)年刊。に薔薇露つまりバラの蒸留水は、蘭引でバラの

6-20　江戸時代後期の蘭引

花を蒸して採った水であると記しています。ただし、蘭引は高価で、持ち主は医者や薬種屋、裕福な商人などに限られていましたが、町人の女性たちは、市販品のほか、薬缶を工夫して蒸留器として使い、「花の露」に近い化粧水を家庭でも作っていました。日本には、江戸時代から手作りコスメの文化があったことには驚かされます。

文学と香り

『竜馬がゆく』司馬遼太郎

司馬遼太郎の『竜馬がゆく』。幕末の日本を疾風のごとく駆け抜けた坂本竜馬の活躍を描いたこの小説は、あまりにも有名ですが、この作品の中には、竜馬が長崎で香水を買うシーンが登場します。

竜馬は、唐物屋《とうぶつや》に入った。

中国や西洋から船載されてきためずらしい雑貨、什器などをあつかっている。

「フランス製の香水はないかい」

と、竜馬は帳場の番頭にいった。

番頭は、びっくりした。

このよれよれの紋服、袴の浪人が、フランス製の香水とはどういうことであろう。

竜馬はかねて香水のことをきいていた。西洋では紳士のたしなみだという。

(いっぺん、つけてみたいもんじゃ)[6]

(『司馬遼太郎全集 4』所収、文藝春秋)


この後、竜馬は、この作品の中でウビガン社のオーデコロンを買っています。これはあくまで小説の中の話ですが、では実際の坂本竜馬は、香水を買って使っていたのでしょうか？

それを知る為の糸口は、竜馬が実際に書いた手紙にありました。その手紙は、1866(慶応2)年秋、長崎から土佐にいた姪の坂本春猪《さかもとはるい》に送ったもので、竜馬は春猪に「外国のおしろいと申もの」[7]があるので、近いうち送って差し上げたいと書いています。

この頃の竜馬は、前年の1865(慶応元)年春、長崎に設立した日本初の商社「亀山社中」を拠点に活躍していましたので、長崎の街で「外国のおしろい」を手に入れることも出来たと思います。

おそらくそれは、今でいうフェイスパウダーと考えられますが、ウビガン社は創業当初より香水の他、フェイスパウダーや石鹼なども作っていたことから、「外国のおしろい」とはパリのウビガン社製だった可能性もあります。そう仮定すると、同社の香水やオーデコロンもいっしょに長崎に入っており、竜馬もそれを手にしたかもしれません。

ウビガン社の歴史

1775年にジャン・フランソワ・ウビガンがパリにオープンしたことに始まります。店には、「花々の籠」というオシャレな看板を掲げており、香水以外にも香り付の革手袋、フェイスパウダー(おしろい)なども販売していました。それらの香りはパリで評判を呼び、マリー・アントワネットをはじめ、ポンパドゥール夫人、ナポレオン1世やナポレオン3世などフランスの王室や貴族、皇室からも愛用されました。

その後、会社は1880年に買収されますが、ウビガンの社名は残り、1882年には香水の革命とも呼ばれた「フジェール・ロワイヤル」を発売しています。

第7章

運命の5番は白夜の香り

——華麗なる香水の物語

7-1　エルネスト・ボー（1881～1961年）

香りの芸術と呼ばれる香水。この章では、20世紀初頭、香りの歴史を変えた香水の誕生にまつわる物語を中心に華麗なる香水の歴史を紹介します。

運命の5番

白夜。それは太陽が沈まない夜。北極圏に近いヨーロッパの田舎では、初夏から夏にかけて白夜の季節に川や湖から、みずみずしい香りが漂うといいます。この香りをイメージしてつくられたとされる香水、それがシャネルN°5です。

この香水を巡っては、1921年の発売以来、歴史のはざまで数々の伝説が生まれてきました。その中から2つの伝説を紹介しましょう。

最初は、第2次世界大戦下のパリでのこと。1944年8月、ドイツ軍の占領下にあったこの街は、アメリカを中心とする連合軍によって解放されます。それから数週間後、オペラ座近くのカンボン通りには、アメリカ兵たちが長蛇の列を作っていました。列の先にあったのはシャネル本店。彼らは皆、同じ香水を買うために並んでいたのです。

ティラー・マッツエオ氏の著書『シャネルN°5の秘密』には、この時の様子が次のように紹介されています。

「誰もがほしがるパリ土産がひとつあった。アメリカ兵はたいてい、シャネルのクラシックな香水を買うため、店に入ると指を五本立ててみせた」。のちにイギリスの新聞記者は「それはアメリカ兵が名前を知っている唯一のフランス製香水であり、彼らが唯一、言葉の垣根を越えられる名前だった」と記している。第1次世界大戦の終わりに、フランス製香水は初めて勝利とエレガンスを象徴するお土産になった。[1]

そして、もうひとつは女優のマリリン・モンローが記者の「夜は何を着て寝るのですか」との質問に「シャネルN°5を5滴」と答えたことです。あまりにも有名なこの言葉は、１９５4年2月、ニューヨーク・ヤンキースの外野手として活躍したジョー・ディマジオとの新婚旅行で来日した時、帝国ホテルで開かれた記者会見でも語ったといわれます。

さらにシャネルN°5は、商品としても数々の栄誉に輝いてきました。１９５９年には、ニューヨーク近代美術館(ＭＯＭＡ)で開催された商品パッケージの展覧会でシンプルなボトルのデザインが評価され、永久収蔵のコレクションに加えられています。そして、１９８７年には香水界のアカデミー賞として知られるアメリカにあるフレグランス財団のＦＩＦＩ賞(フィフィ賞）で初となる殿堂入りを果たします。

まさに名実ともに世界から愛されてきたシャネル№5の誕生には、20世紀を代表するファッションデザイナーのココ・シャネルと、伝説の調香師エルネスト・ボーの運命的な出会いがありました。

この2人は、不朽の名香と呼ばれるシャネル№5をいかにしてつくったのか？　その香りに秘められた謎に迫りつつ、フランスを中心とした華麗なる香水の歴史を紹介します。

シャネルの運命を変えた2人の恋人

シャネル№5の誕生には、ココ・シャネルを愛した2人の恋人の存在が大きく影響することになります。1人は映画スターのようなイギリス紳士、そしてもう1人は真冬の湖のような悲しい瞳をしたロシア皇室の大公だった男性でした。

ココ・シャネル（本名ガブリエル・ボヌール・シャネル）は、1883年8月19日、フランス西部で行商を営む貧しい家の長女として生まれます。12歳の時、母の死により女子修道院が運営する孤児院に預けられ、ここで18歳までを過ごします。

7–2　ココ・シャネル
（1883〜1971年）

卒院後、パリ郊外の田舎町でお針子の仕事を経て、ミュージックホールで歌手としてデビューしアイドルとなり、ココという愛称で呼ばれるようになります。しかし、歌の才能には恵まれず歌手への道を諦め、やがてパリで暮らすようになります。そこで最初のキーマンとなる裕福なイギリス軍人でポロの選手だったアーサー・カペルと恋に落ち、彼の支援もあってパリで帽子店を開きます。この店の繁盛をキッカケにファッションを手掛けるようになったシャネルは、コルセットなどに縛られた女性の服を動きやすいスポーティーなデザインに変えて女性のファッションに革命を起こします。

やがてシャネルはファッション以外にも身近で買いやすい商品が必要と考えるようになり、思いついたのが香水の開発でした。この時代、ファッション業界と香水業界は、はっきりと分かれており、ファッション業界から香水を発売することは新しい発想だったのです。後に評判となるシャネルNº5のシンプルな香水瓶は、カペルの使っていたウィスキーデカンタをヒントにしたともいわれています。

しかし、シャネルを突如、深い悲しみが襲います。1919年12月22日、アーサー・カペルが自らの運転する車の事故によって帰らぬ人になったのです。シャネルは、それからオリジナル香水のプロジェクトに没頭するようになり、1920年夏、ついに新しい香水のコンセプトを固めます。

コンセプトを考えるにあたっては、2人目のキーマンとなるシャネルの新しい恋人でロシアからの亡命貴族ドミートリイ・ロマノフ大公の助言があったといわれています。さらに彼女にとって何より幸運だったのは、ロマノフ大公から帝政ロシアの調香師エルネスト・ボーを紹介されたことでした。

帝政ロシアの調香師エルネスト・ボー

シャネルNº5の調香師エルネスト・ボーについては、ロマノフ大公とは、どこで出会ったのか、どのようにシャネルに紹介したのかなど、今も多くの謎に包まれています。

フランス亡命後、ロシアにいた時のことは生涯を通して、語ることはなかったというエルネスト・ボー。シャネルが彼と会う前に知っていたのは、ロシア皇室御用達の香水会社で調香師だったこと、第1次世界大戦で軍務に就いた後、フランスに亡命して来たといった程度だったと考えられます。しかし、シャネルとボーが初めて会った1920年から遡ること1年前の1919年は、シャネルがオリジナル香水のコンセプトを考え始めており、ボーは南フランスの田舎町に香水製造を請け負う会社を設立しています。

まさに2人は運命の糸が繋がっていたかのような出会いを果たします。そこでシャネルがボーに出したリクエストは、「女性の香りのする、女性のための香水」しかもそれは「革新的な香り」だったと考えられます。

運命の数字

ボーはシャネルと会った日から数ヶ月間、この新しい香りの調香に集中します。彼がイメージしたのは、軍務に就いていた時、北極圏で体験した白夜の湖や川から漂うみずみずしい香りでした。そして、遂に香りのサンプルが完成し、シャネルがそれを試す運命の日を迎えます。

ボーがこの日の為に用意したのは、1番から5番、そして20番から24番という2つのグループにわかれた10種類のサンプルでした。シャネルは、サンプルの入った瓶を順番に嗅ぎ、すべて終わると、ためらいもなく「5番」と声にしたそうです。
「そう、あれこそ望んでいた香りだったわ。ほかのどれとも似ていない香水。女性の香りのする、女性のための香水だった」[2]と後に語ったそうです。

彼女は孤児院で育った頃から数字の5に縁があり、亡くなった恋人カペルのラッキーナンバーでした。しかも、ある時、占い師から5は彼女にとって運命の数字であると告げられていたのです。それを信じていた為か、ボーから香水のネーミングについて聞かれると「この五番目のサンプルをこのままの名前で発表しましょう。きっと幸運を運んでくれる」[3]と5番の瓶を指さして答えたそうです。

シャネルNº5の誕生は、シャネルのラッキーナンバーが5であっただけでなく、何よりシャネルが5番目のサンプルの香りを気に入ったことにありました。

ボーは、香りの原料として、貴重なグラース産のジャスミンとローズを中心にイランイラン、サンダルウッド(白檀)など80種類以上の香りを使い、さらに香りに深みをもたせて拡散する為、当時としては斬新だったアルデヒドという合成香料を使用していました。これは料理でいう隠し味のようなもので、イチゴにレモンを加えると風味が引き立つのと同じようだと例えられます。

この5番のサンプルにはアルデヒドの量が通常の10倍も加えられており、当時の常識では考えられないことから、その理由は今も謎とされています。ただし、これには諸説あり、その中のひとつはボーの助手が5番目のサンプルにアルデヒドを誤って増量してしまい、それをシャネルが新しい香りと感じて気に入ったのではないかというものです。この話が本当であれば、それがほかの番号ではなく偶然にも5番だったことは、シャネルにとってまさに運命の数字だったと言えます。

ワンポイント解説

調香師とは?

調香師とは、フレグランスと呼ばれる香粧品(香水をはじめシャンプーや石鹸など)の香りと、フレーバーと呼ばれる食品の香りをつくる専門職です。調香師は、様々な香料を駆使して新しい香りを創りますが、その鍛えられた嗅覚は普通の人を遥かに凌ぐ香りを嗅ぎ分けることが出来るとされ、フランスでは調香師のことをnez(ネ)、日本語に訳すと鼻と呼んでいます。

香水をつけない女性に未来はない

シャネルNo5の発売前、シャネルは、香水メーカーでもない自社の香水を選んでくれるのか、一抹の不安を感じていましたが、それはシャネルがカンヌのレストランでボーたちと食事をしている時のことでした。

彼女はテーブルのそばを通る女性客たちに、そっと発売前のシャネルNo5を吹きかけて反応を試したのです。すると多くの女性たちは、香りに気づき足を止めて、空気を嗅いだのです。これによってシャネルは自信を持ちますが、今度は、この新しい香りを誰かに真似されるのではないかと不安が芽生えます。

すぐにボーに相談したところ、「それを防ぐには、誰も手に入れることの出来ない貴重な香料を使うこと」とアドバイスを受けます。シャネルはボーの助言を承諾し、彼は貴重で高価なグラース産の香料を増量し、再びアルデヒドの配合などを調整します。これによりシャネルNo5の調香はさらに複雑になり、貴重で高価な香料が惜しみなく使われた結果、誰も真似することの出来ないオンリーワンの香水となったのです。

そしてシャネルNo5は、1921年5月5日にパリのシャネル本店で発売され、数ヶ月後には大ヒット商品となります。当時のニュース映像では、発売後のシャネルNo5に群がるパリジャンた女性たちを映していました。香りを嗅いだ瞬間、はっと至福の微笑をうかべるパリジャンた

7-3　シャネル Nº5 の雑誌広告（1945 年 10 月）

ち。それは、香水に新しい時代が訪れたことを物語っていました。

ファッションの世界に続き、香水の世界にも革命を起こしたシャネルは、それから口癖のようにこう話していたそうです。「香水をつけない女性に未来はない」と。

白夜の香りは永遠に

シャネルNº5の成功は、ココ・シャネルに巨万の富をもたらしますが、シャネルNº5のビジネスを巡って共同経営者と法的な争いになり、彼女はその権利を取り返すため、第2次世界大戦中には、パリを占領していたドイツ軍将校の力を借りようとしたこともありました。

シャネルは、これにより終戦直後、フランス国内で非難されたこともありましたが、シャネルNº5の人気は衰えず、その勢いは日本など世界中に広がっていきました。そして発売から半世紀近く経った1971年1月10日、シャネルはパリのホテル・リッツで栄光と波乱に満ちた87年の生涯を閉じます。

最後までシャネルN°5の権利が彼女に戻ることはありませんでしたが、エルネスト・ボーの調香から100年近く経った今、グラース産のジャスミンなど、貴重な香料は変わらず使われており、白夜の湖や川をイメージしたその香りは守り続けられています。

ワンポイント解説

香水のタイプと香りの種類

シャネルN°5をはじめ、私たちが香水と呼んで使っているのは香料をアルコールで溶かしたものです。

香水は、賦《ふ》香率《こうりつ》つまり香料の濃度によって呼び方が変わります。賦効率が高いほど、香りに深みがあり持続される時間も長くなることから、一般的に次の4種類に分けられてます。

名称	賦香率	香りの持続時間
・香水（パルファン）	15〜25％前後	5〜7時間
・オードパルファン	10〜15％	5時間前後
・オードトワレ	5〜10％	3〜4時間
・オーデコロン	3〜5％	1〜2時間

また、主となる香料によって、香りのタイプが次の3つに分類されています。

- フローラルタイプ　花々の香りが主体
- オリエンタルタイプ　花々の香りに動物やスパイスなどの香料をブレンド
- シプレタイプ　花々の香りに樹木、柑橘などの果物、さらに樫の木に付着する苔《こけ》から抽出する香料をブレンド。シプレの名称は、地中海のキプロス島に由来しています

ちなみにシャネル№5は、フローラルタイプに分類されます。

※これまで本書でも紹介してきた古代ギリシアやローマなどの香油は、オリーブオイルやアーモンドオイルにバラの花など原料の香りを溶け込ませたものです。香水と勘違いしやすいので改めて明記しておきます。

香水の歴史　フランスを中心に

12世紀、ヨーロッパ初の香水

ヨーロッパでアルコールベースの香水の起源とされるのは、12世紀頃に作られた「ハンガリーウォーター」と言われています。この香水は、「ハンガリー王妃の水」とも呼ばれハンガリー王妃の若返りのエピソードなども伝えられていますが、はっきりした年代や場所、製作者などは分かっていません。19世紀まで、おもにローズマリー精油とアルコールを混ぜたものが使われていました。

16世紀、香水の本場はイタリアからフランスへ

香水の本場といえばフランスのパリですが、香水発展の礎となったのは、ルネサンス期のイタリア、フィレンツェでした。この街では13世紀初頭、世界最古の薬局「サンタ・マリア・ノヴェッラ」が営業を開始し１３８１年には、消毒用のバラ水を一般向けに販売してい

ます。

この薬局は、フィレンツェの大富豪メディチ家御用達だったこともあり、1533年には、カトリーヌ・ド・メディシスがフランス王家の王太子（後のフランス国王アンリ2世）に嫁いだ際、彼女が持参するため特別に作られた香水が贈られています。

この香水は、それまでフランスにあった濃厚な香りの香水とは異なり、爽やかな香りだったことからブルボン王朝の貴婦人たちの人気となります。またカトリーヌはイタリアから有能な調香師フロランタンを従えてきており、彼の作った「香りつきの革手袋」は夫アンリ2世に大好評でした。アンリ2世は、すぐに革手袋の産地だった南フランスのグラースにこの手袋の生産を命じたそうです。当時、革手袋は貴族たちに欠かせないものでしたが、それを作る工程で、尿酸に浸して革を柔らかくしていたことから、完成品はかなりの悪臭を放っていました。

フロランタンが香料の産地でもあったグラース産の香りを使ってこの手袋を作ったことがきっかけとなり、グラースは革手袋中心の街から、香料そして香水の街へと変わっていきます。一方パリでは、1582年に薬屋と同じ組合だった香料商が、そこを離れて手袋商といっしょに新しい組合を作っています。こうした背景もあり革手袋の職人が調香師を兼任することが19世紀ごろまで続きました。

ワンポイント解説　フランギパニ家と秘伝の香料

香り付きの革手袋を最初に考えたのは16世紀中ごろフランスに住んでいたフランギパニ公爵という人物だったとの説もあります。元々はローマ貴族の出であるとされたフランギパニ家には、代々フランギパニ香粉という秘伝の香料処方が受け継がれており、これをベースにして、この一族の1人がヨーロッパで初めて動物性香料の配合された香水を作ったともいわれています。

18世紀、ヴェルサイユの香り（フランス革命前）　マリー・アントワネット最後の香水

その後、フランスでは17世紀から18世紀、ブルボン王朝によって香水文化が花開いていきます。この頃は、単に芳香を楽しむだけでなく、宮殿内の排泄による悪臭を覆い隠すためにも重宝されていました。特にルイ14世は、「世界一よい香りのする王」とも呼ばれ、専属の調香師を従えており、香水職人になるためのライセンス制度も改めています。

7-4　マリー・アントワネット（1755～1793年）

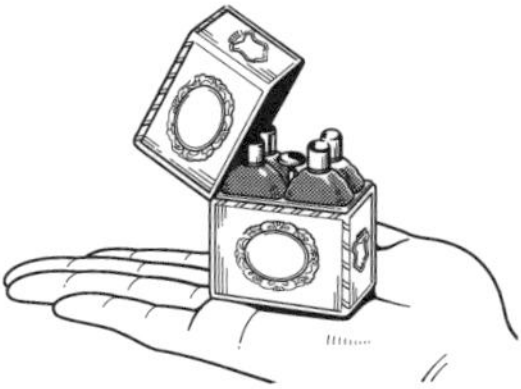

7-5　マリー・アントワネットは携帯用の香水セットを使っていた

それによると調香師組合の会員になるだけでも4年の奉公が必要で、さらに師匠について3年学ぶことを義務化しています。まさにフランスが香水大国となる礎は、ブルボン王朝の時代から築かれたといえます。

そしてルイ15世の時代、ヴェルサイユ宮殿は「芳香宮」とも呼ばれるほど毎日、異なる香水や香料が使われていました。ルイ15世の愛人だったポンパドゥール夫人も大の香り好きだったことから、香料商の請求が50万リーヴル[5]（フランスで1795年まで使われていた通貨）だった年もあったそうです。ちなみにこの額は、当時のパリの労働者1500～1700人分もの年収になり、その浪費の大きさに驚かされます。

こうした王室や貴族の香水需要によってグラースの街は発展し、香料商は財を蓄えていきます。そしてパリにはマリー・アントワネットが寵愛した調香師ファージョン一族やグラース出身の調香師ウビガンなどが次々に香水店をオープンして繁盛させます。一方、フランス国内で庶民の生活はとても貧しいものでした。

7-6　プチ・トリアノン

そうした庶民の苦しみは露知らず、「パンがなければお菓子を食べればいいわ」といったとされる王妃マリー・アントワネットは、夫ルイ16世から贈られたヴェルサイユ宮殿の離宮プチ・トリアノンをこよなく愛し、貴重なバラやヒヤシンス、アイリス、チューリップなど様々な花や植物を植えて自ら理想とする庭園を造り上げていきました。

彼女は、当時お抱えの調香師ジャン＝ルイ・ファージョンに、この庭園の香りをいつも持ち歩きたいとリクエストして、特別に香水まで作らせたそうです。そうした華やかな時がヴェルサイユ宮殿に流れていた中、1789年、民衆の怒りは頂点に達しフランス革命が勃発します。命の危険を感じるようになった王室一家は1791年6月20日、庶民に扮して馬車に乗り、マリー・アントワネットの実家があるオーストリアへの脱出を図ります。

しかし、国境付近の町ヴァレンヌで、馬車を取り囲んだ民衆によってその正体が見破られ逃亡計画は失敗に終わります。これを「ヴァレンヌ逃亡事件」と呼びますが、この時、庶民が嗅いだこともない香水の香りによってマリー・アントワネット本人であることが分かったといわれています。その香りは、彼女が愛したプチ・トリアノンの庭園に咲く花々をイメージした香水だったのかもしれません。

18世紀末~19世紀初頭、ナポレオンの香り(フランス革命後)

フランス革命後、香水や香料をはじめ、陶磁器などの高級品は、ブルボン王朝を思い出させるものとして、庶民から目の敵にされます。この頃、女性が流行の服を着ているだけで、重い刑罰を受けることもあったそうです。

しかし、ナポレオン・ボナパルトが頭角を現すと亡命貴族の帰国を許し、香水や香料なども容認したことから再びフランスに香りの文化が復活します。これは潔癖症で大の香り好きだったナポレオン本人も望んだことだったと考えられます。余談ですが、ナポレオンは、柑橘類など爽やかな香りが好みだったのに対して、第5章でも紹介した妻のジョゼフィーヌは、麝香の香りが大好きでした。動物性の濃厚な香りが苦手だったナポレオンは、彼女に苦情を言うほどだったそうです。

そのナポレオンは、1792年、銀行家でもあったミューレンスが発売し、後に「4711(フォー・セブン・イレブン)」と呼ばれるオーデ・コロンが大のお気に入りで、なんと月に60瓶も使っていたこともありました。1806年、ある香料商からナポレオンへの四半期分(3ヶ月)の請求書によるとオーデ・コロン162瓶、金額にして423フラン[6](今の日本円にして42万3000円)[7]を購入した記録が残っています。この頃、オーデ・コロンは薬として飲む事も出来たため、ナポレオンは、飲料となるすべての商品に対して、成分表示を命じています。ナポレオンも洗顔や体につけるだけでなく、かなりの量を飲んでいたとされていますので、自らの身を案じて時代に先駆けた施策を思いついたのでしょう。

ワンポイント解説

4711とナポレオン

ナポレオンはドイツのケルンを占領した時、駐留した部下に街の建物すべてに番号をつけるように命じています。この時、オーデ・コロンを発売したミューレンスの仕事場の番号が4711だったことから、これが商品名になったといわれています。

今も4711は、世界中で販売され多くの人々に愛用されており、そのボトルには、かつてフランス兵が4711と円で囲み刻んだことをイメージさせるラベルが貼られています。

7-7　ミューレンスの仕事場に4711の番号を刻むフランス兵

19世紀末、香水の産業化と合成香料の登場

フランスでは、ナポレオンがワーテルローの戦いでイギリス軍に敗れて失脚した後も上流

階級を中心に香水の文化は育まれていきます。

1828年には、世界的な香水メーカーとなるゲランがパリに店をオープンしています。1853年には、ナポレオン3世の結婚式にゲラン初の「オーデコロン　イムペリアル」(皇帝の水)を皇妃ウジェニーへ献上し、これを機にゲラン社は名実ともにフランスを代表する香水メーカーになります。さらにこの時代、モリナールやブルジョワといったフランスの香水業界に欠かせない会社も創業しています。すでに第6章でも紹介しましたが、フランスの香水が世界に向けてアピールされたのは、香水の産業化の進み始めた1867年の第2回パリ万博でのことでした。そして、19世紀には、香水の世界に大きな変革がおきます。それはこの時代に発明された合成香料の使用です。1882年には、第6章でも紹介したパリのウビガン社より合成香料を初めて使った香水「フジェール・ロワイヤル」が発売され、香水は新しい時代へと入ります。

7–8　オーインペリアル(当時の名称は，オーデコロン　イムペリアル)．ボトルにはフランス帝政のシンボルであり，ゲランのシンボルでもある蜂が69匹，あしらわれている
所蔵　大分香りの博物館

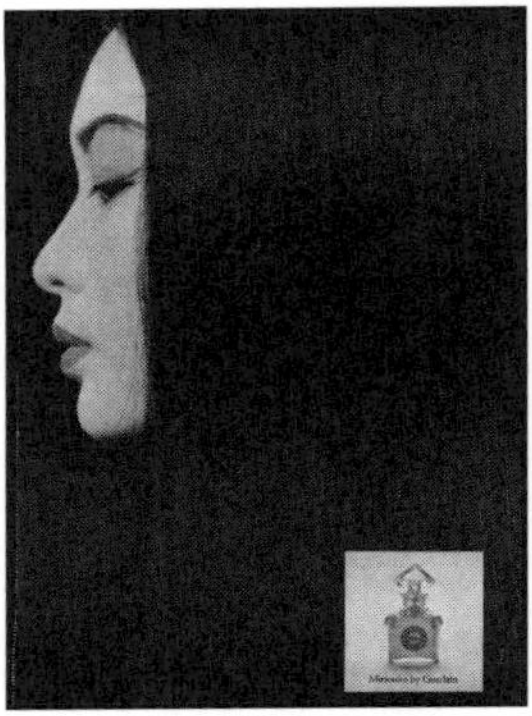

7-9　ミツコの広告(1967年)

20世紀、天才調香師、そしてブランドと名香の時代

20世紀に入ると1900年から1920年までの20年間は、3人の偉大な調香師フランソワ・コティ、ジャック・ゲラン、エルネスト・ダルトロフの時代となります。この中でもコティの発売した香水「ロリガン」は、それまで主流だった濃厚な花の香りとは異なり、フレッシュで軽やかな香りによって大ヒットします。

さらにコティは、フランスのガラス工芸家で宝飾デザイナーだったルネ・ラリックに依頼して、斬新な香水ボトルや化粧箱のデザインを採用したことから、これ以降、香水業界では、瓶やパッケージも洗練されていきます。そして1919年には、ゲランから「ミツコ」が発売されます。今なお、名香水として人気の高いこの香水は、フランスの作家クロード・ファレールの日露戦争をテーマにした小説『ラ・バタイユ』(日本語訳のタイトルは『戦闘』)に登場するイギリス海軍士官と不倫の恋に落ちる日本の若く美しい侯爵夫人ミツコをイメージして創作されたといわれています。

そして1921年、ついに「シャネルNº5」が発売され大ヒットしたことを皮切りにファション業界でライバルだったスキャパレリやランバン、後にはクリスチャン・ディオールといったメーカーも次々に自社ブランドの香水を発売していきます。その中からは、数々のヒット商品や名香と呼ばれるロングセラーも誕生しています。

7-10 2018年にドバイで開催された“The Art of Scent exhibition”
Photo Courtesy of The Dubai Mall

21世紀、新しい時代へ 香りだけの展覧会

2012年11月、香水の歴史に新たな1ページが加わりました。

それはニューヨークのマンハッタンにある美術館「ミュージアム・オブ・アーツ・アンド・デザイン(MAD)」が世界初となる嗅覚アート部門を設立し、香水の香りだけを展示する展覧会「The Art of Scent(ジ・アート・オブ・セント)」を開催したのです。

1889年から2012年までの間で発表された香水の中から、1889年に調香師エメ・ゲランが創り上げたゲラン社の名香「ジッキー」、そしてエルネスト・ボーの

「シャネルNº5」、近年ではエルメス社の調香師ジャン＝クロード・エレナ作で２００５年に発売された「オスマンサス　ユンナン」など12の香水が作品として選ばれています。

会場の白い壁には、来場者が顔を近づけると香水の噴霧される窪みが個別に設けられました。この展覧会は、その後、２０１５年にスペインのマドリード、２０１８年にはアラブ首長国連邦のドバイでも開催されています。この内、ドバイではドバイモールにある香水専門店PERFUMERY & Cº(パフューマリー・アンド・コゥ)のコレクションから11の香水が選ばれています。この嗅覚だけで感じる展覧会は、これから香水創りに挑戦する人々に新しい可能性の扉を開いたのです。

もっと知りたい

香水の歴史　日本の香水はじめて物語

これまでフランスを中心に香水の歴史を紹介してきましたが、ここでは、日本の香水の歴史に関して、はじめてというテーマに絞って紹介します。

日本にはじめて、香水が入って来たのはいつ？

江戸時代初期となる1613（慶長18）年のことです。この年の6月10日、日本にはじめて来航したイギリス東インド会社の貿易船「クローブ号」の指揮官ジョン・セーリスが5日後（6月15日）、松浦《まつら》信実（平戸藩の初代藩主、松浦鎮信《しげのぶ》の弟）宛てに、薔薇香水1瓶を贈っています。これはセーリスが自ら記した『セーリス日本渡航記』の中に記しており、信実にはスペイン産の葡萄酒1瓶もいっしょに贈っています。なお、セーリスはこの後、日本との貿易許可をえるため徳川家康や徳川秀忠に謁見して、様々な贈り物をしていますが、その中に香水は含まれておらず、香水は信実に贈ったこの1本だけだったようです。ただし、1594（文禄3）年頃、豊臣秀吉が側室の淀殿宛てに贈ったとされる銅製の香水の瓶《びょう》が京都の養源院に保管されており、こちらを日本にはじめて入ってきた香水とする説もあります（現在、この瓶は非公開となっている為、詳細は不明です）。

日本産の香水が、はじめて発売されたのはいつ？

1872（明治5）年に発売された「櫻水《さくらみず》」が国産第1号とされています。この香水は、日本橋芳町のよしや留右衛門が製造したもので、数年後には、千葉や栃木など関東各地から長野にまで取次店ができるほど人気があったようです。ただし、「櫻水」は、香水ではなく芳香蒸留水だったとも考えられます。この点、1877(明治10)年10月10日、読売新聞の広告で掲載された「菊香水」はオーテコロリン、つまりオーデコロンと紹介されていることから、こちらが国産初の香水だった可能性もあります。

また、輸入によってはじめて市販された香水は、諸説ある中でフランス、ロジェ・ガレ社の「ヘリオトロープ」といわれています。この香水は、フランスで1892(明治25)年に「ヘリオトロープ・ブラン」の名で発売され、ヘリオトロープ、ジャスミン、イランイラン

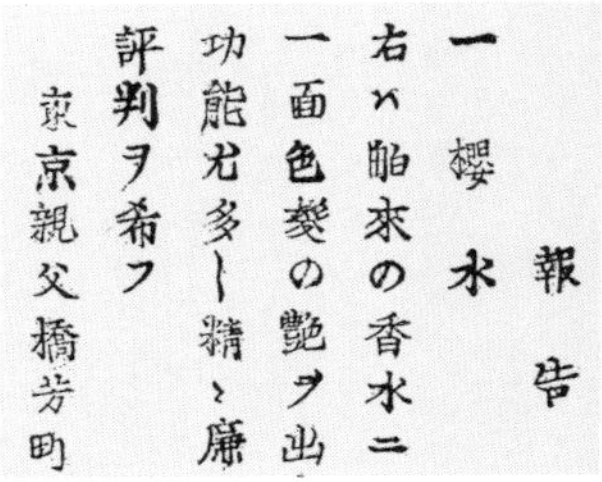
報告
一 櫻水
右ハ舶來の香水ニ
一面色髪の艶ヲ出
功能尤多し精ゝ廉
評判ヲ希フ
東京親父橋芳町

7-11　1872(明治5)年に東京日日新聞に掲載された「櫻水」の広告．当時の報告は，今の広告の意味

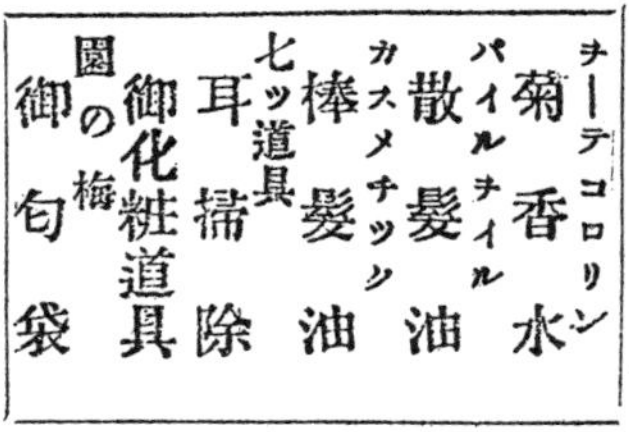
オーテコロリン 菊香水
パイルチイル 散髪油
カスメチツク 棒髪油
七ツ道具 耳掃除
御化粧道具
園の梅 御匂袋

7-12　1877(明治10)年に読売新聞に掲載された「菊香水」の広告
所蔵：都立中央図書館

7-13　「ヘリオトロープ・ブラン」1920年代のラベル

などが使われた甘い香りが特徴です。

1908(明治41)年に発表された夏目漱石の『三四郎』には、主人公の東大生、三四郎が恋心をいだく女性、美禰子《みねこ》の香水としてヘリオトロープが登場しています。日本ではこの当時、香水は肌ではなく、ハンカチにつけて香りを楽しんでいたそうです。

文学と香り

『死よりも強し』ギ・ド・モーパッサン

香りを嗅ぐと忘れていた記憶がふっと脳裏に蘇った。皆さんは、そんな経験をしたことはありますか?

香りの世界では、ある香りや匂いを嗅いだことによって、眠っていた記憶を思い出すことを「プルースト効果」と呼んでいます。これはフランスの小説家マルセル・プルーストの大作『失われた時を求めて』の中で、主人公が紅茶に浸したマドレーヌを口にした瞬間、その香りによって昔の記憶が鮮明に蘇るというシーンに由来しています。

フランスの作家で詩人でもあったギ・ド・モーパッサン(1850~1893年)の小説『死

よりも強し』は、主人公の画家と不倫関係にある伯爵夫人、老いた恋人同士の苦悩する姿が描かれています。この作品の中では香水や様々な匂いによって、呼び覚まされる主人公の記憶と感情が巧みに表現されています。

このような突然の回想には、いつも何かしら、ごくちょっとした具体的な原因があった。とくに何かの匂いとか、香料の匂いとかいう原因があった。彼は、なんど通りすがりの女の衣装からほのかに漂ってくる香水の匂いによって、忘れ去った事柄を思い出したろう![8]

（『死よりも強し』モーパッサン、木村庄三郎訳、角川文庫）

モーパッサンは、この作品の中で主人公にとって香りは、「いつも彼の中にある遠い思い出をかきたてるのであった。ちょうど、それらの匂いには、ある種の香料にミイラを保存する力があるように、死んだ過去を保存する力があるかのようであった」と表現しています。

では実際に人は香りによって過去の記憶が蘇ることはあるのでしょうか?

この本では、第2章の楊貴妃と玄宗のエピソードでも香りと記憶について紹介しましたが、明治の文豪、夏目漱石は、ある紙片の中で「或る香をかぐと或る過去の時代を臆起して歴々と目前に浮んで来る朋友に此事を話すと皆笑ってそんな事があるものかと云う」[9]と残しています。読者の皆さんはいかがでしょうか？　筆者は、ある香りを嗅ぐと脳裏に浮かぶことがあります。そのキッカケは、神田の古書店でのこと。何気なく開いた小説、そこにはバラの押し花が挟まれていました。それから古本の香りを嗅ぐと、時折、ふっとこの香りのない紅色の押し花が脳裏に浮かぶことがあります。

エピローグ――物語の背景、そして未来の物語のために

もしタイムマシーンがあったら皆さんは、どんな時代に行ってみたいですか？　この本を読んで香りの歴史に興味をもっていただけたなら18世紀のフランスかもしれませんね。王妃マリー・アントワネットに謁見出来れば、きっとえもいわれぬ香水の香りを体験出来るでしょう。ただし、すぐにがっかりするかもしれません。なぜなら、ヴェルサイユ宮殿の庭園や噴水は貴族たちの排泄物が山のように捨てられ、パリの街には糞尿、ゴミ、動物の死体が放置されて、いたるところ悪臭に満ちているからです。

これはフランスに限ったことではなく、古代から近代までのヨーロッパ、そして世界の多くの都市はゴミや排泄物の処理施設はなく、同じように臭気に溢れていたのです。また19世紀末、フランスの細菌学者ルイ・パスツールによる微生物の研究が知られるまで、ヨーロッパでは、悪臭は空気を汚染してペストやコレラなど伝染病を引き起こす原因と考えられていました。

香りは、そうした時代を生きた人々にとっては、疲れきった嗅覚を癒すオアシスであり、恐ろしい伝染病をもたらすとされた悪臭から命を守る手段だったのです。さらに香りは、古代から世界中の宗教儀式に使われていました。その芳香のある煙は神々を喜ばせると信じられていただけでなく、生贄《いけにえ》を焼く臭いを消し、人の体を清め邪気を払うために欠かせないものでした。

こうした香りが社会の中で重要な役割や意味をもっていた時代から考えると、今はその必要性は低いのかもしれません。では、これから人類の歴史が続いていく中で香りに求められることは何でしょうか？

近年、世界各地の研究者たちによって、乳香などの芳香植物を難病の治療にいかす研究が進められており、医療分野での期待が高まっています。しかし、その反面、地球温暖化や中国などの巨大市場での天然香料へのニーズの高まりによる芳香植物の枯渇が懸念されています。これから先、環境破壊などによって失われていく香りも出てくるかもしれません。

この本の最後にひとつのエピソードを紹介します。

20世紀初頭、ある年の夏、ロウソクの炎のように香りの消えた花がありました。しかも世界中、ほぼ同じ年に。その花は、1826年、スコットランドの植物学者デイビッド・ダグラスによってアメリカを流れるコロンビア川で発見され、後にロンドンの園芸協会より園芸種として販売されています。

植物にしては珍しく麝香の香りのすることから花麝香(ミムルス・モスカートゥス)と名づけられ人気を博しましたが、1912年ごろ、人々はこの花から香りが消えたことに気づきます。しかもイギリス国内だけではなく、アメリカや他の地域でも香りを失っていたのです。

この奇妙な出来事は、当時の新聞や雑誌でも取り上げられ、慣れ親しんだ香りを失った人々の嘆きを伝えています。ただし、今、もしムスクフラワーのように香りが失われてしまった花や植物があったとしても、人工的につくられた様々な香りの中で暮らしている私たちが、それに気づくことはないのかもしれません。

筆者は、宇宙飛行士の若田光一さんが、2009年の夏、宇宙の長期滞在から地球に帰還した時の言葉を思い出すことがあります。

「地上の草の香りに優しく迎えられた感じがします[1]」と。

私たちの周りには、そうした大切な香りがあることに気づく時ではないでしょうか。それが失われてしまう前に。

注

プロローグ

1 『香料文化誌　香りの謎と魅力』C・J・S・トンプソン、駒崎雄司訳、八坂書房、88頁
2 磐田市香りの博物館の展示室(クレオパトラの1回に使った香料20万円)
3 『調香師の手帖《ノオト》　香りの世界をさぐる』中村祥二、朝日文庫、67頁

第1章

1 『NHK　海のシルクロード 第2巻』森本哲郎、片倉もとこ、NHK取材班、日本放送出版協会、65頁
2 『歴史 上』ヘロドトス、松平千秋訳、岩波文庫、137頁
3 同書468頁
4、5 『プリニウス博物誌 植物篇』プリニウス、大槻真一郎編、八坂書房、25頁
6 『シバの女王 砂に埋もれた古代王国の謎』ニコラス・クラップ、矢島文夫監修、紀伊國屋書店、242頁

7 『NHKスペシャル　新シルクロード　激動の大地をゆく〈上〉』NHK「新シルクロード」プロジェクト編、日本放送出版協会、111頁

8 『NHK　海のシルクロード 第2巻』前掲、56頁

9 『NHKスペシャル　新シルクロード　激動の大地をゆく〈上〉』前掲、143〜144頁

10 『諸蕃志』趙汝适撰、藤善真澄訳注、関西大学東西学術研究所、256頁

11 『香料博物事典』山田憲太郎、同朋舎、143頁

12 『ボードレール全集 I　悪の華』阿部善雄訳、筑摩書房、75〜76頁

第2章

1 『長恨歌　楊貴妃の魅力と魔力』下定雅弘、勉誠出版、5頁

2 『医心方〈巻26〉仙道篇』丹波康頼、槇佐知子訳、筑摩書房、90頁

3 同書92〜95頁

4 『大旅行記 6』イブン・バットゥータ、イブン・ジュザイイ編、家島彦一訳注、東洋文庫、404〜406頁

5 『新訳　夏の夜の夢』ウィリアム・シェイクスピア、井村君江訳、レベル、48頁

第3章

1 『明治天皇紀 第4』宮内庁、吉川弘文館、54頁
2 「正倉院展」目録、第63回(平成23年)、奈良国立博物館、33頁
3 『蜷川式胤「奈良の筋道」』米崎清実、中央公論美術出版、171頁
4 「正倉院展」目録、前掲、136〜137頁
5 『正倉院の香薬 材質調査から保存へ』米田該典、思文閣出版、77頁
6 「天正二年截香記」浄実、『続々群書類従 第16』国書刊行会編、続群書類従完成会、50〜55頁
7 『正倉院よもやま話』松嶋順正、学生社、25頁
8 正倉院(宮内庁) Webサイト
http://shosoin.kunaicho.go.jp/ja-JP/Home/About/Repository?ng=ja-JP
9 『香料博物事典』前掲、83頁
現在の価格は、価格は1匁《もんめ》2180円前後と想定して計算。慶長19年1両50匁として、1871(明治4)年慶長小判↓10円6銭より算出。
10、11 『徳川「大奥」事典』竹内誠、深井雅海、松尾美恵子編、東京堂出版、155〜156頁
12 「美しい滅びの美術」『中井英夫作品集 II 幻視』中井英夫、三一書房、213頁

第4章

1 「寄物に関する一考察」富島壯英、『沖縄の宗教と民俗 窪徳忠先生沖縄調査20年記念論文集』窪徳

2　忠先生沖縄調査20年記念論文集刊行委員会編、第一書房、538〜539頁
3　『日本誌　第7分冊　日本の歴史と紀行』改訂・増補　新版、エンゲルベルト・ケンペル、霞ケ関出版、1244頁
4　『東方見聞録　2』マルコ・ポーロ、愛宕松男訳注、東洋文庫、231〜233頁
5　『香薬東西』山田憲太郎、法政大学出版局、75頁
6　「寄物に関する一考察」前掲、537頁
7　『食品香粧学への招待』藤森嶺編、三共出版、15〜16頁
8　『食の歴史　100のレシピをめぐる人々の物語』ウィリアム・シットウェル、栗山節子訳、柊風舎、177頁
9　『白鯨　下』ハーマン・メルヴィル、阿部知二訳、岩波文庫
　『捕鯨船隊』桑田透一、鶴書房、200頁

第5章

1　『ナポレオン愛の書簡集』草場安子、大修館書店、99頁
2　『職業別　パリ風俗』鹿島茂、白水社、97頁
3　『決定版　バラ図鑑』寺西菊雄ほか編、講談社、13頁
4　『薔薇のパルファム』蓬田勝之、求龍堂、72頁

5　『花の西洋史事典』アリス・M・コーツ、白幡洋三郎、白幡節子訳、八坂書房、336頁
6　『薔薇のパルファム』前掲、80頁
7　「バラの香りの美学」蓬田バラの香り研究所、東海教育研究所、21〜22頁
8　『調香師の手帖　香りの世界をさぐる』前掲、67頁を参考に算出。
9　『調香師の手帖　香りの世界をさぐる』前掲、66頁
10　国営越後丘陵公園 香りのばら園　Webサイト
http://echigo-park.jp/guide/health-zone/rose-garden/fragrance-area/index.html
11　『香料文化誌　香りの謎と魅力』前掲、37〜38頁
12　『大旅行記　6』前掲、410〜414頁、443頁
13　『世界文学全集　63『ドリアン・グレイの画像』』オスカー・ワイルド、富士川義之訳、講談社、333頁

第6章

1　『サムライ異文化交渉史』御手洗昭治、ゆまに書房、198〜199頁
2　『企画展　渋沢栄一渡仏一五〇年　渋沢栄一、パリ万国博覧会へ行く』公益財団法人渋沢栄一記念財団渋沢史料館、50頁
3　『渋沢栄一、パリ万博へ』渋沢華子、国書刊行会、84頁

4　『クスノキと樟脳　藤澤樟脳の１００年』服部昭、牧歌舎、55頁
5　『鹿児島の歴史』鹿児島県社会科教育研究会高等学校歴史部会編、大和学芸図書、１７８頁
6　『竜馬がゆく』司馬遼太郎、『司馬遼太郎全集　４』文藝春秋、２９７頁
7　「特別展覧会　没後１５０年坂本龍馬」京都国立博物館編、読売新聞社、１０２頁、２５５頁

第7章

1　『シャネルN°5の秘密』ティラー・マッツエオ、大間知知子訳、原書房、１９９頁
2、3　『シャネルN°5の秘密』前掲、83頁
4　『最新版　香水の教科書』榎本雄作、学習研究社、41頁
5　『香料文化誌　香りの謎と魅力』前掲、１１０頁
6　『香料文化誌　香りの謎と魅力』前掲、１６１頁
7　『馬車が買いたい！』鹿島茂、白水社、65頁
8　『死よりも強し』ギー・ド・モーパッサン、木村庄三郎訳、角川文庫、１１８～１１９頁
9　『定本　漱石全集　第19巻』夏目金之助、岩波書店、１１７頁

エピローグ

1　ＪＡＸＡ　Ｗｅｂサイト

参考文献・資料

全体を通しての参考文献・資料

『香料博物事典』山田憲太郎、同朋舎、1979
『食品香粧学への招待』藤森嶺編著、三共出版、2011
『香りの百科事典』谷田貝光克ほか編、丸善、2005
『調香師の手帖《ノオト》　香りの世界をさぐる』中村祥二、朝日文庫、2008
『香りのシルクロード　古代エジプトから現代まで』2015年夏の特別展［図録］、古代オリエント博物館、岡山市立オリエント美術館共催、2015

プロローグ

『匂いの魔力　香りと匂いの文化誌』アニック・ル・ゲレ、今泉敦子訳、工作舎、2000
『アローマ　匂いの文化史』コンスタンス・クラッセンほか、時田正博訳、筑摩書房、1997

第1章

『図説古代仕事大全』ヴィッキー・レオン、本村凌二(日本語版監修)、原書房、2009
『調香師が語る香料植物の図鑑』フレディ・ゴズラン、グザビエ・フェルナンデス、前田久仁子訳、原書房、2013
https://timesofoman.com/extra/frankincense/phone/history.html
(2017年9月の掲載情報から引用、参考)

第2章

『楊貴妃　大唐帝国の栄華と暗転』村山吉広、中公新書、1997
『楊貴妃　傾国の名花香る』小尾郊一、集英社、1987
『長恨歌　楊貴妃の魅力と魔力』下定雅弘、勉誠出版、2011
『中国古典小説選 7　緑珠伝・楊太真外伝・夷堅志他〈宋代〉』竹田晃、黒田真美子編、明治書院、2007
『クスノキと樟脳　藤澤樟脳の100年』服部昭、牧歌舎、2007
『シェイクスピアの香り』熊井明子、東京書籍、1993

第3章

「正倉院展」目録　第63回(平成23年)奈良国立博物館
『正倉院の香薬　材質調査から保存へ』米田該典、思文閣出版、2015
『正倉院よもやま話』松嶋順正、学生社、1989
『正倉院小史』安藤更生、国書刊行会、1972
『日本の香り』松榮堂監修、コロナ・ブックス編集部編、平凡社、2005
『香千載　香が語る日本文化史』石橋郁子、畑正高監修、光村推古書院、2001
『正倉院の謎』由水常雄、新人物往来社文庫、2011
『香道入門』淡交ムック、淡交社、1998

第5章

『ヴェネツィアのチャイナローズ　失われた薔薇のルーツを巡る冒険』アンドレア・ディ・ロビラント、堤けいこ訳、原書房、2015
『モダンローズ　この1冊を読めば性質、品種、栽培、歴史のすべてがわかる』村上敏、誠文堂新光社、2017
『決定版　バラ図鑑』寺西菊雄ほか編、講談社、2004
『長物志　明代文人の生活と意見 1』文震亨、荒井健ほか訳注、東洋文庫、1999
『古代ローマの料理書』アピーキウス、ミュラ＝ヨコタ・宣子訳、三省堂、1987

『大旅行記　6』イブン・バットゥータ著、イブン・ジュザイイ編、家島彦一訳注、東洋文庫、２００１

第6章

Narrative of The Expedition of an American Squadron to the China Seas and Japan
『ペリー艦隊日本遠征記 Vol. 1』オフィス宮崎翻訳・構成、栄光教育文化研究所、１９９７
『たまくす　第4号：特集　黒船絵巻と瓦版』横浜開港資料館、普及誌、１９８６
L'Exposition universelle de 1867 illustrée
The illustrated london news 1867
『薩摩人とヨーロッパ』芳即正、著作社、１９８２
『都風俗化粧伝』佐山半七丸、東洋文庫、１９８２
『化粧』久下司、法政大学出版局、１９７８

第7章

『シャネルNº5の謎　帝政ロシアの調香師』大野斉子、群像社、２０１５
『香水の歴史　フォトグラフィー』ロジャ・ダブ、新間美也監修、富岡由美訳協力、沢田博訳協力、原書房、２０１０
『マリー・アントワネットの調香師　ジャン・ルイ・ファージョンの秘められた生涯』エリザベット・

ド・フェドー、田村愛訳、原書房、2007
『日本渡航記』ジョン・セーリス、村川堅固訳、十一組出版部、国立国会図書館蔵、1944
http://www.grandmuseeduparfum.fr/
http://madmuseum.org/
CHANEL N°5-For the first time-Inside CHANEL
https://www.youtube.com/watch?v=tRQa33dqyxI&t=1s

エピローグ

『植物巡礼　プラント・ハンターの回想』F・キングドン－ウォード、塚谷裕一訳、岩波文庫、1999
『排泄物と文明　フンコロガシから有機農業、香水の発明、パンデミックまで』デイビッド・ウォルトナー＝テーブズ、片岡夏実訳、築地書館、2014
『平安京のニオイ』安田政彦、吉川弘文館、2007

おわりに

本書を最後まで読んで頂き、ありがとうございます。本書を通じて、一人でも多くの方に香りへの興味を深めて頂けたなら幸いです。

本書を執筆するにあたり、取材や資料提供に快く応じて下さった大分香りの博物館館長の江崎一子氏、磐田市香りの博物館の大石由賀利氏、片桐亮子氏、日本香料工業会の金井弘好氏、日本アイスクリーム協会の桜木正実氏、京成バラ園芸の小河紀子氏をはじめとする全ての方々に心から御礼を申し上げます。出版に際して、ご縁を頂いた東京大学非常勤講師の深野暁雄氏、原稿へのアドバイスをお願いした中村智子氏、東井晃氏、新谷明日子氏、表紙カバーを含めて多くのイラストを手掛けて頂いた中村光宏氏に深く感謝を申し上げます。

2018年9月

渡辺昌宏

渡辺昌宏
香りと食文化の研究者．東京都立中央城北職業能力開発センター（非常勤講師）．1965年広島県生まれ．1987年西武百貨店入社人事部付，2001年同社退職後，Webや3D，VRなどの企画と調査研究を行う．2010年，香りと3Dを融合する4Dの調査に携わったことから，以後，企業への香りマーケティング，沖縄から北海道まで全国各地の香りによる地域活性などを手掛けながら国内外の香りの歴史を調査し現在に至る．
著書：『3Dの時代』（共著，岩波書店），『3Dマーケティングがビジネスを変える』（共著，翔泳社）

日本国内で香りの歴史を学べる博物館
大分香りの博物館
〒874-0915 大分県別府市北石垣48-1　TEL（0977）27-7272

磐田市香りの博物館
〒438-0821 静岡県磐田市立野2019-15　TEL（0538）36-8891

香りと歴史 7つの物語　　岩波ジュニア新書885

2018年10月19日　第1刷発行

著　者　渡辺昌宏《わたなべまさひろ》

発行者　岡本　厚

発行所　株式会社 岩波書店
〒101-8002 東京都千代田区一ツ橋2-5-5
案内 03-5210-4000　営業部 03-5210-4111
ジュニア新書編集部 03-5210-4065
http://www.iwanami.co.jp/

印刷・精興社　製本・中永製本

ISBN 978-4-00-500885-8　　Printed in Japan

岩波ジュニア新書の発足に際して

きみたち若い世代は人生の出発点に立っています。きみたちの未来は大きな可能性に満ち、陽春の日のようにひかり輝いています。勉学に体力づくりに、明るくはつらつとした日々を送っていることでしょう。

しかしながら、現代の社会は、また、さまざまな矛盾をはらんでいます。営々として築かれた人類の歴史のなかで、幾千億の先達《せんだつ》たちの英知と努力によって、未知が究明され、人類の進歩がもたらされ、大きく文化として蓄積されてきました。にもかかわらず現代は、核戦争による人類絶滅の危機、貧富の差をはじめとするさまざまな人間的不平等、社会と科学の発展が一方においてもたらした環境の破壊、エネルギーや食糧問題の不安等々、来るべき二十一世紀を前にして、解決を迫られているたくさんの大きな課題がひしめいています。現実の世界はきわめて厳しく、人類の平和と発展のためには、きみたちの新しい英知と真摯《しんし》な努力が切実に必要とされています。

きみたちの前途には、こうした人類の明日の運命が託されています。ですから、たとえば現在の学校で生じているささいな「学力」の差、あるいは家庭環境などによる条件の違いにとらわれて、自分の将来を見限ったりはしないでほしいと思います。個々人の能力とか才能は、いつどこで開花するか計り知れないものがありますし、努力と鍛練の積み重ねの上にこそ切り開かれるものですから、簡単に可能性を放棄したり、容易に「現実」と妥協したりすることのないようにと願っています。

わたしたちは、これから人生を歩むきみたちが、生きることのほんとうの意味を問い、大きく明日をひらくことを心から期待して、ここに新たに岩波ジュニア新書を創刊します。現実に立ち向かうために必要とする知性、豊かな感性と想像力を、きみたちが自らのなかに育てるのに役立ててもらえるよう、すぐれた執筆者による適切な話題を、豊富な写真や挿絵とともに書き下ろしで提供します。若い世代の良き話し相手として、このシリーズを注目してください。わたしたちもまた、きみたちの明日に刮目《かつもく》しています。（一九七九年六月）